Die Strafvollstreckung

Ein Handbuch für Bayer. Strafvollstreckungsbehörden

Bearbeitet

von

Hans Stoiber

II. Staatsanwalt beim Landgericht München I

---

2. unveränderte Auflage

1930

München, Berlin und Leipzig

J. Schweitzer Verlag (Arthur Sellier)

Manuldruck von F. Ullmann G. m. b. H., Zwickau Sa.

Vorwort.

Die breite Masse des Volkes interessiert sich im wesentlichen nur für den sogenannten engeren Strafprozeß, das ist jenes Strafverfahren, welches zwischen der Eröffnung des Hauptverfahrens und dem Schlusse der Hauptverhandlung liegt und für das auf Grund der Verhandlung erlassene Urteil.

An dem sogenannten weiteren Strafprozeß, den neben dem Ermittlungs- und Voruntersuchungsverfahren die Strafvollstreckung bildet, hat es kein besonderes Interesse, wohl deshalb, weil diese Prozeßabschnitte den Blicken der Öffentlichkeit entzogen sind und die öffentliche Meinung sich mit dem Urteile abfindet.

Trotzdem aber ist die Strafvollstreckung, das ist die Vollstreckung der in richterlichen Entscheidungen enthaltenen Straffestsetzungen, nicht weniger wichtig, als der sogenannte engere Strafprozeß. Sie ist erst die Zufügung des durch Entscheidung der staatlichen Behörden erkannten Strafübels. Sie setzt den Sühnegedanken und das formelle Urteil in die Tat um. Sie ist, wie Dr. Maximilian Freiherr zu Guttenberg in seiner Abhandlung: „Der Strafvollzug in Deutschland", diese einleitend, sich ausdrückt:

„die Seele der gesamten Strafrechtspflege".

Die Kenntnis des Strafvollstreckungsrechts ist die Grundlage für den gesamten Strafvollzug. Sie ist von einschneidender Wirkung auf eines der höchsten menschlichen Güter, die Freiheit. Nicht leicht ist ein Übel so irreparabel wie eine zu Unrecht erlittene Freiheitsstrafe, nicht leicht wirkt sich mangelndes Wissen und ein Versehen eines Beamten für den Bestraften wie für ihn selbst so fühlbar aus, wie beim Strafvollzuge.

Ich selbst habe in meinem mehrjährigen Wirken als Referent bei der Strafvollstreckungsabteilung der Staatsanwaltschaft München I die Gefahren kennen gelernt, die einem Strafvollstreckungsbeamten täglich drohen; ich habe selbst bei der Entscheidung von heiklen und bestrittenen Fragen unter der unzulänglichen Gesetzgebung und Rechtsprechung auf dem Gebiete der Strafvollstreckung zu leiden gehabt und selbst hätte ich bei Beginn meiner Tätigkeit bei der Strafvollstreckungsbehörde oft das Bedürfnis gehabt, durch das Studium eines, die sehr zerstreut liegenden Sätze des prozessualen Strafvollstreckungsrechts zusammenfassenden Werkes, mich in mein schwieriges Amt einzuarbeiten und gerne hätte ich mir auch später manches Mal Rat in einem solchen Werke über schwierige und bestrittene Vollstreckungsfragen geholt. Doch habe ich ein solches Hilfsmittel nicht gefunden. Die hauptsächlich den angeführten Stoff behandelnden Werke, als Dr. L. Weichert's: „Grundzüge der Strafvollstreckung" und Maximilian Freiherrn zu Guttenberg's: „Der Strafvollzug in Deutschland" sind veraltet und treffen hauptsächlich nur Reichs- und außerbayerische Verhältnisse.

Einem dringenden Bedürfnisse entsprechend habe ich deshalb versucht, in dieser Abhandlung das zusammenzustellen, was ein Strafvollstreckungsbeamter wissen muß und was für ihn wissenswert ist.

Möge dieser mein Versuch gütig beurteilt werden! Möge das Büchlein den Strafvollstreckungsbeamten die manchmal schwierige Bahn ebnen und möge es ihnen ein treuer Berater und Führer sein!

Nicht allein aber den Strafvollstreckungsbeamten soll dies Werkchen dienen, auch all denen, die sich mit dem Studium des schweren Kapitels „Strafvollstreckung" zu befassen haben, soll es von gedeihlichem Nutzen sein!

München, den 15. August 1929.

Hans Stoiber, II. Staatsanwalt.

Inhaltsübersicht.

Erster Teil.

Die Strafvollstreckung im Allgemeinen.

Erster Abschnitt.

Die Voraussetzungen für die Strafvollstreckung.

Zweiter Abschnitt.

A. Gründe, welche die Strafvollstreckung ausschließen oder hemmen.

Dritter Abschnitt.

Die Organe der Strafvollstreckung.

Vierter Abschnitt.

Die Rechtshilfe auf dem Gebiete der Strafvollstreckung.

Zweiter Teil.

Die Vollstreckung der einzelnen Strafen.

Seite

Dritter Teil.

Strafvollstreckung gegen Jugendliche, Minderjährige u. Militärpersonen, die Vollstreckung von Forst-, Steuer- und Zollstrafen, die Vollstreckung von Ordnungsstrafen.

Verzeichnis
der benützten Literatur und der gebrauchten Abkürzungen.

(Bei den Abkürzungen wurden großenteils die Vorschläge des 27. deutschen Juristentages vom 13. September 1904 für die Art der Anführung von Rechtsquellen, Entscheidungen und wissenschaftlichen Werken berücksichtigt.)

A.
Benützte Werke und Zeitschriften.

(Soweit Abkürzungen gebraucht sind, sind diese vorausgesetzt.)

Anschütz = Anschütz, Dr. Gerhard, die Verfassung des deutschen Reiches, 1921.

Becker = Becker, Dr. Enno, die Reichsabgabenordnung, 1928.

Beling = Lehrbuch des deutschen Strafprozeßrechts, von Dr. Bennecke und Dr. Beling, 1900.

Binding = Grundriß des deutschen Strafprozeßrechts, 5. Auflage, 1904.

Dalcke A., Das Recht. = Strafrecht und Strafprozeß.

Degen-Klimmer = K. Degen und O. Klimmer, Strafvollstreckung in den bayerischen Gerichtsgefängnissen und Strafanstalten, 1910.

Deutsche Richterzeitung 1929.

Ebermayer = Ebermayer, Dr. Ludwig, Reichsstrafgesetzbuch mit besonderer Berücksichtigung der Rechtsprechung des Reichsgerichts, 3. Auflage, 1925.

Frank = Frank, Dr. Reinhard, das Strafgesetzbuch für das deutsche Reich, 17. Auflage, 1926.

Goltd. Arch. = Archiv für Strafrecht und Strafprozeß, begründet von Dr. Goltdammer.

Guttenberg, Dr. Maximilian, Freiherr zu, „Der Strafvollzug in Deutschland unter besonderer Berücksichtigung von Preußen, Bayern, Württemberg, Sachsen u. Baden, 1913."

Hahn C. = die gesamten Materialien zu den Reichsjustizgesetzen.

Hellwig = Dr. Albert Hellwig, das Geldstrafengesetz, 3. Auflage, 1924.

JME. Entschließung des bayerischen Staatsministeriums der Justiz.

JurW. = Juristische Wochenschrift.

KO. = Reichskonkursordnung.

Kratzer = Kratzer, Dr. Jakob, die Verfassungsurkunde des Freistaates Bayern, 1925.

Laband = Laband, Dr. Paul, das Staatsrecht des deutschen Reiches, 5. Auflage in 4 Bänden, 1913.

LZ. = Leipziger Zeitschrift für deutsches Recht.

Löwe = Löwe, Dr. E., die Strafprozeßordnung für das deutsche Reich in der Fassung vom 22. März 1924 mit Gerichtsverfassungsgesetz, 17. Auflage, 1927.

Meukel = Meukel, Dr. Leonhard: der zwischenstaatliche Rechtsverkehr in Zivil- und Strafsachen, 1929;

die bayerischen Vorschriften über den zwischenstaatlichen Rechtsverkehr in Zivil- und Strafsachen, 1929.

Olshausen = Olshausen, J. v., Kommentar zum Reichsstrafgesetzbuch, 11. Auflage, 1927.

Sächsisches Archiv für Rechtspflege.

SeuffBl. = Seuffert, J. A., Blätter für Rechtsanwendung.

Zentralblatt für das deutsche Reich.

ZStW. = Zeitschrift für die gesamte Strafrechtswissenschaft.

B.

Sonstige Abkürzungen:

AG. = Ausführungsgesetz zum (zur) . . . .

AB. = Ausführungsvorschriften zum (zur) . . .

BayObLG. = Sammlung der Entscheidungen des bayerischen Obersten Landesgerichts in Strafsachen.

BayerStA. = Bayerischer Staatsanzeiger.

BGB.	=	Bürgerliches Gesetzbuch.
BegnVorschr.	=	Bekanntmachung des Bayer. Staatsministeriums der Justiz vom 31. Dezember 1927 über das Verfahren in Begnadigungssachen, JMBl. 1927, S. 83 ff.
Bek. oder Bekm.	=	Bekanntmachung.
CPO.	=	Civilprozeßordnung.
DVfStA.	=	Bayer. Dienstvorschriften für die Staatsanwaltschaft (Lit. B der Justizministerialbekanntmachung „Neue Dienstvorschriften für Strafsachen betreffend", vom 13. 1. 1926 — JMBl. 1926 S. 41 ff. —).
DVO.	=	Dienst- und Vollzugsordnung für die bayerischen Strafanstalten und Gerichtsgefängnisse vom 15. 3. 1924 (GVBl. 1924 S. 85 ff.)
E.	=	Entschließung.
EG.	=	Einführungsgesetz zum (zur) . . . .
ForstGes.	=	Forstgesetz.
GVBl.	=	Gesetz- und Verordnungsblatt für den Freistaat Bayern.
GVG.	=	Gerichtsverfassungsgesetz.
JGG.	=	Jugendgerichtsgesetz.
JMBl.	=	Justizministerialblatt für den Freistaat Bayern.
Just.	=	Justiz.
OLG.	=	Entscheidung des Oberlandesgerichts . . . . . . in Strafsachen.
R.	=	Rechtsprechung des deutschen Reichsgerichts in Strafsachen.

RAbgO.	=	Reichsabgabenordnung.
RGBl.	=	Reichsgesetzblatt.
RGK.	=	Reichsgerichtskostengesetz.
RGSt.	=	Entscheidungen des deutschen Reichsgerichts in Strafsachen.
RMStGB.	=	Reichsmilitärstrafgesetzbuch.
RV.	=	Die Verfassung des Deutschen Reiches.
StGB.	=	Strafgesetzbuch für das deutsche Reich.
StM.	=	Staatsministerium.
StPO.	=	Strafprozeßordnung für das deutsche Reich.
VfStrS.	=	Bayer. Vorschriften für die Behandlung der amts- und schöffengerichtlichen Strafsachen. (Lit. A der Justizministerialbekanntmachung „Neue Dienstvorschriften für Strafsachen" betreffend vom 13. Januar 1926 — JMBl. 1926 S. 1 ff. —).

Zeitschrift des Bundes deutscher Justizamtmänner.

ZfRpfl.	=	Zeitschrift für Rechtspflege in Bayern.

Zeitung für Bayer. Justizsekretäre.

Erster Teil.

Die Strafvollstreckung im Allgemeinen.

Erster Abschnitt.

Die Voraussetzungen für die Strafvollstreckung.

Die Vollstreckung einer Strafe setzt voraus:

A) eine rechtskräftige inländische Straffestsetzung, das ist ein rechtskräftiges Urteil, einen rechtskräftigen Strafbefehl oder eine andere urteilsverwandte Entscheidung (materielle Voraussetzung der Strafvollstreckung).

B) eine vollstreckbare Ausfertigung einer solchen Straffestsetzung (formelle Voraussetzung der Strafvollstreckung).

A. Die materiellen Voraussetzungen der Strafvollstreckung.

I. Das rechtskräftige Urteil.

Ein Urteil wird rechtskräftig:

a) infolge Unanfechtbarkeit:

Nichtanfechtbar sind die Urteile des Reichsgerichts und des bayerischen Obersten Landesgerichts §§ 134, 135, 120, 121 GVG., 9 EG. GVG., Art. 41 AG. GVG. und Art. 167 Ziff. 12 AG. BGB.

Die genannten Urteile sind rechtskräftig mit ihrer Verkündung und zwar auch dann, wenn der Angeklagte oder dessen Verteidiger im Verkündungstermin nicht anwesend ist. (§§ 350, 356 StPO. und Löwe Anm. zu diesen Paragraphen.)

b) Infolge Ablaufs der Rechtsmittelfrist:

Die gegen Strafurteile zulässigen Rechtsmittel sind Berufung und Revision.

Die Berufung muß bei dem Gerichte erster Instanz, die Revision bei dem Gerichte, dessen Urteil angefochten wird, binnen einer Woche nach Verkündung des Urteils, oder, wenn die Verkündung des Urteils nicht in Anwesenheit des Angeklagten stattfand, binnen einer Woche nach Zustellung des Urteils zu Protokoll des Urkundsbeamten oder schriftlich eingelegt werden. (§§ 314, 341 StPO.)

Der nicht auf freiem Fuße befindliche Beschuldigte kann die Erklärungen, welche sich auf Rechtsmittel beziehen, zu Protokoll des Urkundsbeamten des Gerichts geben, in dessen Gefängnis er sich befindet, und, falls das Gefängnis kein gerichtliches ist, des Amtsgerichtes, in dessen Bezirk das Gefängnis liegt. Zur Wahrung einer Frist genügt es, wenn innerhalb der Frist das Protokoll aufgenommen wird. (§ 299 StPO.)

Die besagte Frist von einer Woche beginnt mit dem Ablaufe des Tages, an dem die Verkündung oder die Zustellung des Urteils erfolgt ist. Sie läuft bis zur Mitternacht des siebenten Tages. Der Tag der Verkündung bezw. der Zustellung wird also in die Frist nicht eingerechnet. (§ 42 StPO.) Fällt das Ende der Frist auf einen Sonntag oder allgemeinen Feiertag, so endigt die Frist mit Ablauf des nächstfolgenden Werktages. (§ 43 Abs. 2 StPO.)

Die zulässigen Rechtsmittel gegen gerichtliche Entscheidungen stehen sowohl der Staatsanwaltschaft als dem Beschuldigten, ersterer auch zu Gunsten des Beschuldigten zu. (§ 296 StPO.)

Für den Beschuldigten kann auch sein Verteidiger (jedoch nicht gegen seinen ausdrücklichen Willen) Rechtsmittel einlegen. (§ 297 StPO.)

der Staatsanwaltschaft ist in Ansehung der Einlegung von Rechtsmitteln der Privatkläger gleichgestellt. (§ 390 StPO.)

Außer der Staatsanwaltschaft und unabhängig von ihr kann auch der Nebenkläger, der gesetzliche Vertreter eines Beschuldigten und der Ehemann einer beschuldigten Ehefrau selbständig von den zulässigen Rechtsmitteln Gebrauch machen und zwar der gesetzliche Vertreter und Ehemann nur binnen der für den Angeklagten laufenden Frist, der Nebenkläger jedoch, wenn weder er noch sein Anwalt in der Hauptverhandlung erschienen war, mit der ab Zustellung des Urteils an ihn laufenden Frist. (§§ 400, 401, 298 StPO., RGSt. Bd. 6 S. 28.)

Ein Strafurteil ist daher erst rechtskräftig, wenn keine der aufgeführten Personen innerhalb der gesetzlichen Frist ein zulässiges Rechtsmittel in der gesetzlich vorgeschriebenen Form eingelegt hat (Grundsatz der absoluten Rechtskraft des Strafurteils).

c) Infolge Verzichts auf Rechtsmittel und Zurücknahme von eingelegten Rechtsmitteln.

Ein Urteil wird auch rechtskräftig, wenn von allen zur Einlegung von Rechtsmitteln Berechtigten (cf. oben lit. b) auf die Einlegung eines Rechtsmittels ausdrücklich verzichtet wird oder eingelegte Rechtsmittel nach Ablauf der Rechtsmittelfrist zurückgenommen worden sind. (§§ 302 ff. StPO.)

Über die Form des Verzichts oder der Zurücknahme, über den Widerruf der diesbezüglichen Erklärungen, Irrtum in diesen, Berechtigung zur Zurücknahme etc. finden sich eingehende Ausführungen in Löwe, Anmerkungen zu § 302 StPO.

d) In besonderen Fällen.

α. Bei verspäteter Berufungs- oder Revisionseinlegung.

Ist eine Berufung oder Revision verspätet eingelegt worden, so wird dadurch die seit Ablauf der Rechtsmittelfrist eingetretene Rechtskraft des Urteils nicht berührt. Mit der Rechtskraft des Urteils ist auch seine Vollstreckbarkeit eingetreten, gleichviel, wann das Rechtsmittel durch Beschluß als unzulässig verworfen wurde.

Wird, was selten vorkommen wird, auf Grund des nach den §§ 319 und 346 StPO. zulässigen Verfahrens die Berufung oder Revision schließlich als nicht verspätet erachtet und der die Unzulässigkeit des Rechtsmittels aussprechende und dieses verwerfende Beschluß aufgehoben, so kann natürlich auch das Urteil nicht rechtskräftig geworden sein und nimmt die eingelegte Berufung oder Revision ihren Fortgang. Eine etwa schon verbüßte Strafhaft wird auf die endgültig erkannte Strafe angerechnet (BayObLG. Bd. 5 S. 249 und Bd. 7 S. 344, ferner SeuffBl. Bd. 67 S. 189 ff. und JurW. 1929 S. 1009).

Ist zweifelhaft, ob das Rechtsmittel verspätet eingelegt ist, wird vorsichtiger Weise die Strafvollstreckungsbehörde den Strafvollzug bis zur rechtskräftigen Entscheidung nicht einleiten.

β. Bei nicht rechtzeitig oder nicht in vorgeschriebener Form angebrachten Revisionsanträgen.

Ist eine Revision rechtzeitig eingelegt, so wird dadurch die Rechtskraft des Urteils gehemmt. Werden sodann die Revisionsanträge nicht rechtzeitig oder nicht in vorgeschriebener Form (§ 345 StPO.) angebracht, so wird gemäß § 346 StPO. die Revision von dem Gerichte, dessen Urteil angefochten wird, durch Beschluß als unzulässig verworfen. Entfällt nun damit die Hemmung der Rechtskraft des Urteils und wird dieses jetzt rechtskräftig?

Die Frage ist sehr bestritten. (cf. Löwe Anm. zu §§ 319, 346 StPO. und die dort angegebene Literatur.) Ich vertrete den Standpunkt, daß der Antrag aus § 346 StPO. auf Entscheidung des Revisionsgerichts kein Rechtsmittel, sondern, wie der Antrag auf Wiedereinsetzung in den vorigen Stand oder auf Wiederaufnahme des Verfahrens, ein Rechtsbehelf eigener Art ist, und schließe mich diesbezüglich im wesentlichen den in der LZ. 1914 Spalte 1745 ff. von Kammergerichtsrat Rasch gemachten Ausführungen an. Ist aber der Antrag aus § 346 StPO. kein Rechtsmittel, so wird der die Revision verwerfende Gerichtsbeschluß und damit natürlich das Urteil selbst mit Erlassung des Beschlusses rechtskräftig, wobei der Beschluß als erlassen gilt, wenn er der Staatsanwaltschaft behufs Veranlassung der Zustellung bekanntgegeben worden ist. (cf. BayObLG. Bd. 23 S. 67 und Goltd.Arch. Bd. 44 S. 281.)

Nur aus dieser Ansicht läßt sich auch der letzte Halbsatz des Abs. II des § 346 StPO. erklären, der ausspricht, daß die Vollstreckung des Urteils durch den Antrag auf Entscheidung des Revisionsgerichts nicht gehemmt wird. Die Hemmung der Vollstreckung setzt die Vollstreckbarkeit und diese nach § 449 StPO. die Rechtskraft voraus!

γ. Bei Verwerfung einer Berufung oder Revision als unzulässig durch das Berufungs- oder Revisionsgericht.

Hat das Berufungsgericht eine Berufung durch Beschluß als unzulässig gemäß § 322 StPO. verworfen, weil die Bestimmungen über die Einlegung der Berufung nicht beachtet sind, so tritt die Rechtskraft dieses Beschlusses und damit des Urteils mit dem Ablaufe der Frist für die zugelassene sofortige Beschwerde, bei Verzicht auf diese oder bei Einlegung der sofortigen Beschwerde mit dem Zeitpunkte ihrer Zurücknahme oder des die sofortige Beschwerde verwerfenden Beschlusses ein, wobei der Beschluß auch dann wieder erst als erlassen anzusehen ist, wenn er durch Übergabe an die Staatsanwaltschaft nach außen in Erscheinung tritt.

Verwirft das Revisionsgericht eine Revision durch Beschluß als unzulässig, weil die Bestimmungen über die Revisionseinlegung oder über die Anbringung der Revisionsanträge nicht beachtet sind, so ist mit der Erlassung bezw. Übergabe dieses Beschlusses an die Staatsanwaltschaft das Urteil rechtskräftig (§ 349 StPO.).

d. Bei Verwerfung der Revision durch das Reichsgericht als offensichtlich unbegründet.

Hält das Reichsgericht eine Revision einstimmig für offensichtlich unbegründet, so kann es diese durch Beschluß als unzulässig verwerfen. Das Urteil wird rechtskräftig mit der Übergabe des Beschlusses an den Oberreichsanwalt (§ 349 StPO.).

II. Der rechtskräftige Strafbefehl.

Ein nach §§ 407 ff. StPO. erlassener Strafbefehl gilt als erlassen und rechtlich existent geworden in dem Momente seiner Zustellung; solange er noch nicht durch Zustellung bekannt gemacht ist, kann er vom Gerichte wieder zurückgenommen werden (cf. Löwe Anm. 4 d zu § 408 StPO. und BayObLG. Bd. 1 S. 245).

Ein Strafbefehl erlangt die Wirkung eines rechtskräftigen Urteils, wenn der Beschuldigte gegen ihn nicht binnen einer Woche nach seiner Zustellung bei dem Amtsgerichte schriftlich oder zu Protokoll des Urkundsbeamten Einspruch erhebt, auf den Einspruch verzichtet oder einen eingelegten Einspruch zurücknimmt. (§§ 409, 410 StPO.)

Ein zu spät erhobener Einspruch wird vom Gericht durch Beschluß als unzulässig zurückgewiesen; cf. Löwe Anm. 1

zu § 411 StPO. Der nicht rechtzeitig eingelegte Einspruch hemmt die Rechtskraft des Strafbefehls nicht.

Wird nach Erlaß des Strafbefehls eine neue Verurteilung wegen derselben Tat ausgesprochen, so kommt, wenn die Strafvollstreckung noch nicht stattgefunden hat, die zuerst erkannte Strafe in Wegfall. Ist die Strafe bereits vollstreckt, so muß sie von der später erkannten Strafe in Abzug gebracht werden und zwar schon im Urteil, nicht erst bei der Strafvollstreckung, wobei, wenn es sich um eine Ersatzfreiheitsstrafe handelt, für die Berechnung der im Strafbefehl festgesetzte Umwandlungsmaßstab zu Grunde zu legen ist; (cf. Löwe Anm. 4 zu § 410 StPO).

Im Strafbefehl kann auch erlittene Untersuchungshaft ganz oder teilweise angerechnet werden.

III. Rechtskräftige urteilsverwandte Entscheidungen.

a) Der Verwaltungsstrafbescheid.

§ 423 der StPO. schreibt vor:

„Ist die in einem vollstreckbaren Strafbescheide festgesetzte Geldstrafe von dem Beschuldigten nicht beizutreiben und deshalb ihre Umwandlung in eine Freiheitsstrafe erforderlich, so ist diese Umwandlung nach Anhörung der Staatsanwaltschaft und des Beschuldigten durch gerichtliche Entscheidung auszusprechen, ohne daß der Strafbescheid einer Prüfung des Gerichts unterliegt.

Über die Umwandlung entscheidet der Amtsrichter. Gegen die Entscheidung findet sofortige Beschwerde statt.“

Die Ersatzfreiheitsstrafe des Umwandlungsbeschlusses wird demnach vollstreckbar nach unbenutztem Ablauf der Beschwerdefrist, nach Verzicht auf Beschwerde, nach Zurücknahme einer eingelegten Beschwerde oder nach Einlauf des die Beschwerde verwerfenden Beschlusses des Beschwerdegerichts bei der Staatsanwaltschaft.

b) Der Strafumwandlungsbeschluß.

Gemäß § 459 StPO. ist, wenn eine verhängte Geldstrafe nicht beigetrieben werden kann und die Festsetzung der für diesen Fall eintretenden Freiheitsstrafe unterlassen worden ist, die Geldstrafe nachträglich von dem Gericht in die entsprechende Freiheitsstrafe umzuwandeln.

Die Umwandlung hat durch Beschluß des Gerichts erster Instanz ohne mündliche Verhandlung zu erfolgen. Gegen die Entscheidung findet, insoferne sie nicht von dem Reichsgericht oder dem Obersten Landesgericht erlassen wurde, sofortige Beschwerde statt (§ 462 StPO.). Bezüglich der Vollstreckbarkeit der Ersatzfreiheitsstrafe gilt, wenn nicht der Beschluß in erster und zugleich letzter Instanz erlassen wurde, das Nämliche, wie im letzten Absatz von oben lit. a) ausgeführt wurde.

c) Der Gesamtstrafenbeschluß.

Ist jemand durch verschiedene rechtskräftige Urteile zu Strafen verurteilt worden, und sind dabei die Vorschriften über die Zuerkennung einer Gesamtstrafe (§ 79 StGB.) außer Betracht geblieben, so sind die erkannten Strafen durch eine nachträgliche gerichtliche Entscheidung auf eine Gesamtstrafe zurückzuführen.

Kommt es auf die Festsetzung einer Gesamtstrafe an und waren die verschiedenen hierdurch abzuändernden Urteile von verschiedenen Gerichten erlassen, so steht die Entscheidung dem Gerichte zu, welches die schwerste Strafart oder bei Strafen gleicher Art die höchste Strafe erkannt hat, falls hiernach aber mehrere Gerichte zuständig sein würden, dem, dessen Urteil zuletzt ergangen ist. War das hiernach maßgebende Urteil von einem Gerichte höherer Instanz erlassen, so setzt das Gericht erster Instanz, und, war eines der Strafurteile von dem Reichsgericht oder einem Oberlandesgericht in erster Instanz erlassen, das Reichsgericht oder das Oberlandesgericht die Gesamtstrafe fest.

Gegen diese Entscheidungen findet, insoferne sie nicht von dem Reichsgericht oder einem Oberlandesgericht erlassen sind, sofortige Beschwerde statt. (§§ 460, 462 StPO.)

Auch hier findet bezüglich der Vollstreckbarkeit der Gesamtstrafe das in obigen Ziffern bereits Gesagte Anwendung.

Ist nachträglich eine Gesamtstrafe gebildet worden, so benachrichtigt die zu ihrer Vollstreckung berufene Behörde nach Eintritt der Rechtskraft des Urteils oder des Beschlusses die Behörden, die eine in die Gesamtstrafe einbezogene Strafe zu vollstrecken gehabt hätten von der Bildung der Gesamtstrafe und der Übernahme der Strafvollstreckung. Eine Abschrift des Urteils oder Beschlusses, worin die Gesamtstrafe gebildet wurde, wird mit einem Vermerk über den Zeitpunkt des Eintritts der Rechtskraft beigefügt. (cf. § 80 der VfStrG.)

IV. Teilweise Rechtskraft des Urteils.

Auch ein Teil eines Urteils kann rechtskräftig und vollstreckbar werden. Dies kann geschehen:

a) bei mehreren Beschuldigten.

Sind durch ein Urteil mehrere Beschuldigte bestraft worden und legen nur einige von ihnen Berufung oder Revision gegen das Urteil ein, so wird die Rechtskraft des Urteils gegen diese, aber nur gegen diese gemäß §§ 316 u. 343 StPO. gehemmt. In der Richtung gegen die übrigen Bestraften, die ein Rechtsmittel nicht eingelegt haben, wird das Urteil rechtskräftig und vollstreckbar.

Das hat möglicherweise zur Folge, daß die Bestraften, die von einem Rechtsmittel keinen Gebrauch machten, rechtskräftig verurteilt bleiben und ihre Strafe verbüßen müssen, während andere in demselben Urteile auf Grund der gleichen Tatbestände und aus denselben Gründen Verurteilte, die das ihnen zustehende Rechtsmittel eingelegt haben, freigesprochen werden und ihre Strafe nicht verbüßen brauchen.

Mit Recht hat bei Beratung der Vorschriften über die Revision die Reichstagskommission (Protokolle Seite 614 ff. 1032) es als eine Schädigung der Gerechtigkeit bezeichnet, wenn einer von mehreren Komplizen auf Grund der von ihm eingelegten Revision von der Strafe befreit werde, während die übrigen Komplizen, die, hätten sie dieselbe Revision eingelegt, gleichfalls Freisprechung erlangt haben würden, die Strafe verbüßen müssen.

Es wurde daher der § 357 in die Strafprozeßordnung aufgenommen, nach welcher Gesetzesbestimmung, die Identität der Tat vorausgesetzt, die wegen Gesetzesverletzung bei Anwendung des Strafgesetzes erfolgte Aufhebung eines Urteils auch in der Richtung gegen die anderen Angeklagten, über die in demselben Urteil entschieden worden ist und welche die Revision nicht oder nicht rechtzeitig oder in unzulässiger Weise eingelegt haben, eintritt (cf. Löwe Anm. zu § 357 StPO.).

Unbilliger und inkonsequenter Weise fehlt eine gleiche Bestimmung für die Berufungsinstanz. Hier kann es deshalb praktisch vorkommen und kommt es auch öfter vor, daß ein Haupttäter in der Berufungsinstanz freigesprochen wird, während der Anstifter zur Haupttat mangels Rechtsmitteleinlegung rechtskräftig verurteilt bleibt und seine Strafe verbüßen muß. In diesem Falle kann nur der Gnadenweg einen Ausweg schaffen.

Der § 357 StPO. trifft keine Bestimmungen über die Vollstreckbarkeit des Urteils gegen die Bestraften, die kein Rechtsmittel eingelegt haben; da rechtskräftig, kann es gegen diese auch jederzeit vollstreckt werden. Doch muß, wenn auch nur mit der Möglichkeit der Anwendung des § 357 StPO. zu rechnen ist, die Strafvollstreckung in der Regel aufgeschoben werden, wenn sie nicht aus besonderen Gründen, z. B. wegen Fluchtgefahr geboten ist (cf. Abs. III. des § 77 der VfStrG.).

Erfolgt zu Gunsten eines Nichtrevidenten, der seine Strafe verbüßt, die Aufhebung des Urteils nach § 357 StPO., so muß die begonnene Vollstreckung natürlich sofort aufgehoben und der bereits verbüßte Strafteil später bei Wiederverurteilung angerechnet werden.

b) Bei Anfechtung eines Urteilsteiles durch einen Bestraften.

Werden gegen einen Beschuldigten zwei in ihrer Entscheidung von einander trennbare Strafübel festgelegt, so wird bezüglich der angefochtenen Verurteilung die Rechtskraft des Urteils gehemmt (§§ 316, 318, 327 und 343 StPO.), im übrigen aber das Urteil rechtskräftig. Wird also A zu einer Freiheitsstrafe verurteilt, und werden ihm in demselben Urteile auch die bürgerlichen Ehrenrechte abgesprochen und legt er lediglich wegen der Aberkennung der bürgerlichen Ehrenrechte ein Rechtsmittel ein, so wird das Urteil bezüglich der Hauptstrafe rechtskräftig und vollstreckbar, während die Rechtskraft der Aberkennung der bürgerlichen Ehrenrechte gehemmt ist.

Das Gleiche gilt, wenn der Beschuldigte bei Nichtvorliegen der Voraussetzungen für die Bildung einer Gesamtstrafe wegen mehrerer selbständiger Delikte zu mehreren gesonderten Strafen (§§ 74, 75, 77, 78 StGB.) verurteilt worden ist. Auch hier werden die Strafen, die der Beschuldigte annimmt, mit ihrer Annahme rechtskräftig und vollstreckbar, während die Rechtskraft der übrigen durch die Einlegung des Rechtsmittels gehemmt wird.

c) Bei Anfechtung einzelner zu einer Gesamtstrafe vereinigter Strafen.

Sehr bestritten ist die Frage, ob bei Verurteilung eines Angeklagten wegen mehrerer Delikte zu einer Gesamtstrafe (§ 74 StGB.) die nicht angefochtenen Einzelstrafen rechtskräftig und vollstreckbar werden können. In Literatur, Rechtslehre und Rechtsprechung wird diese Frage verschieden beantwortet. Gerichte verwerfen später ihre früher vertretenen Ansichten oder stellen die Richtigkeit derselben in Frage.

Besonders wichtig für die Beantwortung der angeschnittenen Frage ist die Entscheidung der vereinigten Senate des Reichsgerichts vom 18. April 1894 (RGSt. Bd. 25 S. 297 ff.).

Diese führt im wesentlichen aus:

„Die Gesamtstrafe ist nichts anderes als eine der Gerechtigkeit entsprechende, daher nicht bloß in einer einfachen Häufung der Strafen bestehende Zusammenfassung der an sich verwirkten Einzelstrafen in eine einzige Strafe, eine der Festsetzung der Einzelstrafen nachfolgende Umwandlung derselben in eine einheitliche Strafe. Bei einem eine Gesamtstrafe aussprechenden Urteile sind daher zwei Akte des Richters zu unterscheiden: die Festsetzung der verwirkten Einzelstrafen, die nicht bloße Rechnungsfaktoren für die Bildung der Gesamtstrafe bedeuten, und die deren Festsetzung folgende Umwandlung der Einzelstrafen in die gemäß § 74 StGB. zu bildende Gesamtstrafe. Die Festsetzungen der Einzelstrafen und die spätere Umwandlung derselben in eine einheitliche Strafe sind daher vollständig von einander trennbare Akte. Deshalb kann auch trotz der Bildung einer Gesamtstrafe die Verurteilung zu der einen oder anderen Strafe von dem Verurteilten angefochten werden, während die nicht angefochtenen Einzelstrafen, da nicht angefochten, rechtskräftig werden.“

In seinem Urteile vom 30. Oktober 1894 spricht der IV. reichsgerichtliche Strafsenat (RGSt. Bd. 26 S. 167) ausdrücklich nochmals aus, daß davon auszugehen ist, daß bei Verurteilung wegen einer Mehrheit von zusammentreffenden Straftaten die nach § 74 StGB. festzusetzenden Einzelstrafen nicht unselbständige Faktoren für die Berechnung der Gesamtstrafe bilden, sondern daß ihre Verhängung einen selbständigen richterlichen Ausspruch dezisiver Natur darstellt, welche der Rechtskraft fähig ist, während der Festsetzung der Gesamtstrafe nur die Bedeutung einer zweiten richterlichen Entscheidung über die Modalität der Vollstreckung der Einzelstrafen zukommt.

Auch ein Beschluß des Obersten Landesgerichts vom 11. Dezember 1915 (BayObLG. Bd. 15 S. 181) erklärt die Verhängung der Einzelstrafen für eine selbständige richterliche Entscheidung, die der Rechtskraft fähig und deshalb auch vollstreckbar ist. Die genannte Entscheidung ist auch deshalb sehr wertvoll, weil sie unter ausführlicher Begründung den oft gebrauchten Einwand beseitigt, daß der § 451 StPO. der Vollstreckungsmöglichkeit von Einzelstrafen aus einem Gesamtstrafenurteil entgegen stehe.

Nach dem Gesagten sind also unangefochtene Einzelstrafen aus einem auf eine Gesamtstrafe lautenden Urteil rechtskräftig und, weil sie rechtskräftig sind, auch vollstreckbar.

Eine andere Frage ist es, ob rechtskräftige Einzelstrafen aus einem Gesamtstrafenurteil in allen Fällen auch vollstreckt werden sollen.

Die Vollstreckung einer solchen rechtskräftigen Einzelstrafe ist vollständig ungefährlich. Angenommen, das Rechtsmittelgericht ändert die angefochtenen Straffestsetzungen ab, so muß die neuzubildende Gesamtstrafe gemäß § 74 StGB. auf alle Fälle einen Tag höher als die bereits rechtskräftige werden; wird der Bestrafte sogar von allen übrigen Delikten freigesprochen, so bleibt auf alle Fälle die bereits rechtskräftige Einzelstrafe zur Verbüßung übrig.

Beispiel: A wird wegen mehrerer Vergehen zu Gefängnisstrafen von 1, 2, 3 und 4 Monaten, zusammengezogen in eine Gesamtstrafe von 6 Monaten, verurteilt. A nimmt die dreimonatige Strafe an und legt im übrigen Berufung ein. In der Berufung wird er von dem mit 4 Monaten belegten Vergehen freigesprochen, die Strafe mit einem Monat bleibt; statt der in erster Instanz erkannten zweimonatigen Strafe bekommt er ein Monat; es muß hier von neuem eine Gesamtstrafe ausgesprochen werden, die zum Mindesten einen Tag höher sein muß, wie die rechtskräftige dreimonatige Strafe. Oder angenommen:

A nimmt die dreimonatige Strafe an und wird von sämtlichen übrigen ihm zur Last gelegten Delikten freigesprochen, dann verbleibt dem A auf alle Fälle noch zur Verbüßung die von ihm angenommene Gefängnisstrafe von drei Monaten.

Die in der bereits angeführten Plenarentscheidung des Reichsgerichts vom 16. April 1894 (RGSt. Bd. 25 S. 297 ff.) angedeutete Möglichkeit der Aufhebung eines ganzen Urteils, also auch des rechtskräftigen Teiles eines Urteils, kann ob ihrer Seltenheit bezüglich der Strafvollstreckung nicht berücksichtigt werden; ist ja doch auch und zwar wohl in größerem Maße die Möglichkeit gegeben, daß infolge des § 357 StPO. eine bereits vollstreckte Strafe aufgehoben wird, und wird gleichwohl auch hier die Vollstreckung des Urteils, soweit es rechtskräftig ist, zugelassen.

Zu unlösbaren Schwierigkeiten kann aber die Vollstreckung mehrerer rechtskräftiger Einzelstrafen aus einem angefochtenen Gesamtstrafenurteil führen. Tritt bezüglich der einen oder anderen Einzelstrafenfestsetzung ein Freispruch oder eine Milderung ein, insbesondere wird der Verurteilte von all den Vergehen freigesprochen, bezüglich deren Straffestsetzung Anfechtung erfolgte, so muß eine neue Gesamtstrafe gebildet werden, die nur um einen Tag höher sein braucht als die höchste der bereits rechtskräftigen Strafen. Hat der Bestrafte dann die rechtskräftigen Strafen in ihrer Summe verbüßt, so erleidet er einen nicht zu verantwortenden Nachteil.

Beispiel: A wird zu Strafen von 4 Wochen, 2 Monaten, 3 Monaten und 4 Monaten, zusammen zu einer Gesamtstrafe von 6 Monaten verurteilt. Er nimmt die Strafen von 3 Monaten und 4 Monaten an und verbüßt sie; bezüglich der übrigen Vergehen wird er in der Rechtsmittelinstanz freigesprochen. Nehmen wir an, es wird dann aus den 3 und 4 Monaten eine neue Gesamtstrafe von 5 Monaten gebildet, dann ist A 1 Monat zu viel gesessen!

Solchen Gefahren muß natürlich ausgewichen werden. Befindet sich der Bestrafte auf freiem Fuße, so hat es ja mit der Vollstreckung im Normalfalle keine so große Eile, daß nicht die Gesamtrechtskraft des Urteils abgewartet werden kann. Befindet er sich in Untersuchungshaft, so erscheint es zweckmäßig, nach genehmigter Unterbrechung derselben den Strafvollzug wegen der rechtskräftigen höchsten Einzelstrafe einzuleiten. Nach Vollstreckung dieser kommt der Bestrafte, sollte bis dorthin noch nicht das ganze Verfahren rechtskräftig erledigt sein, wieder in Untersuchungshaft, die ihm ja dann vom Richter, wenn billig, wieder angerechnet werden kann.

Die vorstehenden Ausführungen sind auf die vorhergehenden Ziffern II und III entsprechend anwendbar.

B. Formelle Voraussetzungen.

Ist ein Urteil rechtskräftig, so ist es gemäß § 449 StPO. auch vollstreckbar. Gemäß § 451 StPO. kann aber die Vollstreckung nur auf Grund einer von dem Urkundsbeamten des Gerichts zu erteilenden, mit der Bescheinigung der Vollstreckbarkeit versehenen, beglaubigten Abschrift der Urteilsformel erfolgen. Diese bildet also neben der materiellen

Voraussetzung der Rechtskraft des Urteils eine formelle Vorbedingung der Strafvollstreckung. Die Bescheinigung der Vollstreckbarkeit bezieht sich aber nur auf die Rechtskraft des Urteils, das nach Umständen trotz der formellen Vollstreckbarkeitsbescheinigung aus anderen Gründen, wovon später noch die Rede sein wird, nicht vollstreckbar sein kann.

Zuständig zur Erteilung der vollstreckbaren Ausfertigung ist der Urkundsbeamte des Gerichts, das in erster Instanz erkannt hat. Hat das Revisionsgericht eine Sache zur anderweitigen Verhandlung an ein anderes Erstgericht verwiesen und dieses entschieden, dann ist der Urkundsbeamte dieses Gerichts zur Erteilung der vollstreckbaren Ausfertigung des Urteils zuständig.

Der Urkundsbeamte handelt bei Erteilung der vollstreckbaren Ausfertigung des Urteils als Organ des Gerichts. Er hat, wenn er über die Vollstreckbarkeit eines Urteils Zweifel hegt, die Weisung des Gerichts einzuholen. Beschwerden gegen ihn sind durch gerichtlichen Beschluß nach § 458 StPO. zu erledigen.

Im Falle des Aktenverlustes kann das Gericht den Urkundsbeamten anweisen, eine zweite vollstreckbare Ausfertigung zu erteilen, falls die Feststellung ihres Inhalts möglich ist. (cf. Löwe Anm. 6 und 11 zu § 451 StPO.)

Sofort nach Eintritt der Vollstreckbarkeit legt der Urkundsbeamte die Akten, oder wenn diese zur Fortsetzung des Verfahrens gegen Mitbeschuldigte oder anderweit erforderlich sind, eine beglaubigte Abschrift der Urteilsformel, des Strafbefehls oder der sonstigen Entscheidung mit der Bescheinigung der Vollstreckbarkeit der Entscheidung der Strafvollstreckungsbehörde vor.

Ist der Verurteilte in Untersuchungshaft, so wird der beglaubigten Abschrift der Entscheidung ein Vermerk darüber beigesetzt, an welchem Tage und zu welcher Stunde der Verurteilte auf die Einlegung eines Rechtsmittels verzichtete oder das eingelegte Rechtsmittel zurücknahm, oder wann die Einlegungsfrist ablief, ohne daß er eine Erklärung abgab oder wann das eingelegte Rechtsmittel verworfen wurde. Eine mit der Bescheinigung der Vollstreckbarkeit und dem oben erwähnten Vermerke versehene beglaubigte Abschrift der Urteilsformel legt der Urkundsbeamte stets an Stelle der Akten vor, wenn der Verurteilte in Untersuchungshaft und die Begründung des Urteils noch nicht schriftlich abgefaßt ist (§ 76 VfStrG.).

§ 451 StPO. nimmt bezüglich der Erteilung einer vollstreckbaren Ausfertigung die in der Sache selbst entscheidenden Urteile der Revisionsgerichte und des in erster Instanz entscheidenden Reichsgerichts oder Obersten Landesgerichts nicht aus, wenngleich bei diesen Urteilen die Rechtskraft ab Verkündung vorhanden ist und nicht erst bezüglich ihres Eintritts einer Bescheinigung bedarf. Es müssen deshalb der Vollstreckungsbehörde auch bei solchen Urteilen vollstreckbare Ausfertigungen vorgelegt werden.

Zweiter Abschnitt.

A. Gründe, welche die Strafvollstreckung ausschließen oder hemmen.

I. Gründe, welche die Strafvollstreckung ausschließen:

a) Ein nichtiges Urteil.

Ein nichtiges Urteil ist kein Urteil; die durch ein nichtiges Urteil ausgesprochene Strafe ist keine Strafe und kann deshalb auch nicht vollstreckt werden.

Das Reichsgericht hat es in verschiedenen Entscheidungen (RGSt. Bd. 9, 330; 22, 114; 32, 93; 35, 158; 40, 273 und 56, 351) abgelehnt, auszusprechen, daß Urteile, die von einem unzuständigen Gerichte erlassen wurden, nichtig seien, oder daß die Unzulässigkeit der Prozeßart die Nichtigkeit des Urteils begründe. Wohl aber hat es (cf. oben zitierte Entscheidung Bd. 40 S. 273) anerkannt, daß es strafprozessuale Entscheidungen mit absoluter und unheilbarer Nichtigkeit geben kann, die ohne Rücksicht auf die Einlegung von Rechtsmitteln jeder Wirksamkeit entkleidet werden müssen. Es müssen dies aber Entscheidungen sein, die gesetzlichen Vorschriften direkt widersprechen, z. B. Verurteilungen zu einer Strafe, die es im Gesetz überhaupt nicht gibt, Verurteilung eines Strafunmündigen zu einer Kriminalstrafe (§ 2 des JGG.) oder eines Jugendlichen zum Tode oder zu Zuchthaus (§ 9 des JGG.).

Urteile können nicht bloß ganz, sondern auch teilweise nichtig sein. Letzteres ist z. B. anzunehmen, wenn die erkannte Strafe den zulässigen Höchstbetrag überschreitet.

b) Der Grundsatz: „ne bis in idem."

Der Grundsatz: „ne bis in idem" ist nicht nur auf das Prozeßverfahren beschränkt; er steht auch der nochmaligen Vollstreckung einer wegen derselben Tat erkannten Strafe entgegen. Hat jemand im In- oder Auslande (cf. § 7 StGB.) für dieselbe Tat schon eine Strafe erlitten und ist deren Anrechnung in einer späteren Gerichtsentscheidung versäumt worden, so kann die neu ausgesprochene Strafe in ihrer erkannten Höhe nicht vollzogen werden, es hat die Anrechnung derselben noch nachträglich im Wege des § 458 StPO. zu erfolgen. Wegen der Anrechnung einer im Auslande vollzogenen Strafe, wenn die Auslandsstrafe zugleich wegen anderer Handlungen erkannt ist und die ausländische Strafart dem inländischen Strafensystem nicht angehört, cf. RGSt. Bd. 35 S. 41.

c) Der Tod des Verurteilten.

Stirbt der Verurteilte nach Eintritt der Rechtskraft des Urteils, so bleibt der Strafanspruch des Staates als solcher bestehen; seine Verwirklichung ist aber, da der Strafanspruch des Staates höchstpersönlicher Natur ist und deshalb die Strafe die Person des Verurteilten treffen muß, tatsächlich unmöglich geworden. Dagegen kann gemäß § 30 StGB. eine Geldstrafe in den Nachlaß vollstreckt werden, wenn das Urteil bereits bei Lebzeiten des Verurteilten rechtskräftig geworden war. Das Gesetz betrachtet in diesem Falle die Geldstrafe wohl weniger als Strafe, denn als eine auf dem Nachlasse haftende Geldschuld.

d. Die Verjährung der Strafvollstreckung.

α. Allgemeine Grundsätze:

Wie die Strafverfolgung wird auch die Vollstreckung einer Strafe durch Verjährung ausgeschlossen (§ 66 StGB.). Die Strafvollstreckungsverjährung hat zur Folge, daß der materiell rechtskräftig festgesetzte Anspruch des Staates auf Vollstreckung einer Strafe erlischt, daß also eine prozessuale Voraussetzung der Zulässigkeit der Strafvollstreckung wegfällt, mithin diese selbst unzulässig wird.

Die Strafvollstreckungsverjährung ist ein Institut des öffentlichen Rechts; sie muß von der Strafvollstreckungsbehörde in jeder Lage des Strafvollstreckungsverfahrens von Amts wegen berücksichtigt werden. Auch hat ein Verzicht des Verurteilten oder eine vertragsmäßige Übereinkunft über Wirkungen und Fristen der Verjährung keine Wirkung; (cf. Olshausen Bd. I Anm. 7 zu § 66 StGB.).

β. Die Verjährungsfrist im Allgemeinen.

Die Strafvollstreckung verjährt nach Ablauf der Verjährungsfrist. Die Dauer dieser wird bemessen nach der Art und Höhe der erkannten Strafe. Maßgebend ist also die erkannte Strafe, nicht die nach teilweiser Verbüßung oder teilweisem Erlaß oder nach Anrechnung der Untersuchungshaft verbleibende Reststrafe.

Bei Geldstrafen ist diese selbst, nicht die bei Uneinbringlichkeit eintretende Freiheitsstrafe, für die Berechnung der Verjährungsfrist maßgebend. Wird in Anwendung des § 27 b des StGB. an Stelle der Freiheitsstrafe auf Geldstrafe erkannt, so ist die Rechtslage nicht anders, als wenn von vornherein nur die Geldstrafe festgesetzt und für den Fall ihrer Uneinbringlichkeit eine Ersatzstrafe in Höhe der an sich verwirkten Freiheitsstrafe bestimmt worden wäre (cf. Olshausen Anm. 9 zu § 27 b StGB.).

Sind mehrere Strafen nacheinander zu vollstrecken (Strafenkumulation), wie nach §§ 75, 77 und 78 StGB., so behält jede Strafe auch für die Vollstreckung ihre Selbständigkeit und verjährt infolgedessen auch selbständig.

Wird eine Gesamtstrafe im Urteil oder nachträglich nach §§ 74, 79 StGB., 460 StPO. gebildet, so läuft für diese als Einheitsstrafe die Verjährung nach der Höhe der Gesamtstrafe.

Die Bildung der Gesamtstrafe ist ein Akt der Unterbrechung der Verjährung nach § 72 des StGB., die für die Einzelstrafen bereits zu laufen begonnen hat. Voraussetzung für die Bildung der Gesamtstrafe ist natürlich, daß die einzurechnenden Einzelstrafen zur Zeit der Bildung der Gesamtstrafe noch nicht verjährt sind.

Der Tag, an dem das Urteil oder die urteilsverwandte Entscheidung rechtskräftig geworden ist, gleichviel, ob dies im Laufe des Tages oder mit Ablauf desselben geschehen ist, ist der erste der Verjährungsfrist für die Strafvollstreckung; bis dahin läuft noch die Verjährung der Strafverfolgung. Die Frist wird nach vollen Tagen und dem Kalendertag berechnet und erreicht hiernach am Ende des jenem Anfangstag vorausgehenden Tages als letzten der Frist ihr Ende. Ist z. B. eine Geldstrafe mit 100 RM am 3. Juli 1928 nachts 12 Uhr rechtskräftig geworden, so verjährt sie am 2. Juli 1930 nachts 12 Uhr. (cf. Ebermayer Anm. 7 zu § 70 StGB.)

Nach der ausdrücklichen Vorschrift des § 71 StGB. verjährt die Vollstreckung einer Geldstrafe, die wegen derselben Handlung neben einer Freiheitsstrafe erkannt wurde, nicht früher als die Vollstreckung der Freiheitsstrafe, und zwar greift die Bestimmung auch Platz (cf. Olshausen Anm. 2a zu § 71), wenn nach § 74 wegen mehrerer Vergehen auf eine Gesamtfreiheitsstrafe und außerdem wegen eines derselben auf Geldstrafe erkannt ist, wenn also z. B. jemand wegen eines Vergehens der Unterschlagung und eines solchen des Betrugs zur Gesamtstrafe von einem Jahre Gefängnis und zur Geldstrafe von 100 *RM* eventuell weiteren 10 Tagen Gefängnis verurteilt worden ist.

Nicht trifft § 71 zu, wenn durch ein Urteil wegen mehrerer selbständiger Handlungen auf eine Freiheitsstrafe und eine Geldstrafe mit verschiedenen Verjährungsfristen erkannt worden ist; hier läuft die Verjährungsfrist für jede Strafe gesondert.

Bestritten ist die Frage, ob, wenn die Verjährungsfrist für die Geldstrafe länger ist, als die für die Freiheitsstrafe, wenn also z. B. auf Geldstrafe von mehr als 150 *RM* und Haft erkannt ist, § 71 StGB. analog anzuwenden ist, mit anderen Worten, ob die Freiheitsstrafe früher verjährt als die Geldstrafe. Olshausen Anm. 1 zu § 71 StGB. und andere vertreten die Auffassung, daß man, ausgehend von dem Grundsatz der einheitlichen Verjährung der Vollstreckung der wegen einer und derselben Handlung erkannten Strafen nicht annehmen dürfe, daß jede der erkannten Strafen nach der für sie allein maßgebenden Frist verjährt, sondern vielmehr, daß die Verjährung beider Strafen in der längeren (hier der durch die Höhe der Geldstrafe bedingten) Frist sich vollziehe. Andere dagegen, darunter Ebermayer (cf. Ebermayer Anm. 1 zu § 71) und Frank (cf. Frank Anm. 1 Abs. 2 zu § 71) halten jede analoge Anwendung des § 71 auf andere als den dort bezeichneten Fall für unzulässig.

Ich pflichte der letzten Auffassung bei, daß Geldstrafen und Freiheitsstrafen gesondert verjähren; denn § 71 StGB. spricht mit klarem Wortlaut nur davon, daß die Vollstreckung einer wegen derselben Handlung neben einer Freiheitsstrafe erkannten Geldstrafe nicht früher verjährt, als die Vollstreckung der Freiheitsstrafe. Hätte das Gesetz auch das Umgekehrte festlegen wollen, nämlich, daß auch die Freiheitsstrafe nicht früher verjährt als die Geldstrafe, daß mit anderen Worten die Vollstreckungsverjährung sich nach der schwereren Strafe richtet, so hätte es das zweifellos zum Ausdrucke gebracht, zumal ja nach den Motiven die Bestimmung, die nicht Gesetz wurde, getroffen werden sollte, daß in diesen Fällen die Verjährungsfrist bezüglich beider Strafen sich lediglich nach der Höhe der erkannten Einzelstrafe richte, man also bei der Gesetzesberatung wohl an den oben besprochenen Fall gedacht hat (cf. Olshausen Anm. 1 Abs. 2 zu § 71 StGB.).

γ. Dauer der Verjährungsfrist bei den einzelnen Strafen.

Nach § 70 StGB. verjährt die Vollstreckung:

1. Der Todesstrafe
   in 30 Jahren,
2. Der Zuchthausstrafe
   a) in 30 Jahren bei lebenslänglicher,
   b) in 20 Jahren bei mehr als zehnjähriger,
   c) in 15 Jahren bei Zuchthaus bis zu zehn Jahren.
3. Der Festungshaftstrafe
   a) in 30 Jahren bei lebenslänglicher,
   b) in 20 Jahren bei mehr als zehnjähriger,
   c) in 15 Jahren bei Festungshaft von fünf bis zu zehn Jahren,
   d) in 10 Jahren bei Festungshaft von zwei bis zu fünf Jahren,
   e) in 5 Jahren bei Festungshaft bis zu zwei Jahren.

4. Der Gefängnisstrafe

a) in 15 Jahren bei Gefängnis von mehr als fünf Jahren,

b) in 10 Jahren bei Gefängnis von zwei bis zu fünf Jahren,

c) in 5 Jahren bei Gefängnis bis zu zwei Jahren.

5. Der Geldstrafen

a) in 5 Jahren bei höheren als einhundertfünfzig Reichsmark,

b) in 2 Jahren bei solchen bis zu einhundertfünfzig Reichsmark.

6. Der Haftstrafe

in 2 Jahren.

d. Unterbrechung der Verjährung.

Die laufende Vollstreckungsverjährung unterbricht nach § 72 StGB. jede auf Vollstreckung der Strafe gerichtete Handlung derjenigen Behörde, welcher die Vollstreckung obliegt, sowie die zum Zwecke der Vollstreckung erfolgte Festnahme des Verurteilten.

Durch die Strafunterbrechung wird der bisher abgelaufene Teil der Verjährungsfrist hinfällig, sie beginnt wie eine neue Frist zu laufen, § 72 Abs. 2 StGB. Die neue Verjährungsfrist beginnt in analoger Anwendung des § 70 Abs. 2 StGB. mit dem Tage, an dem die Unterbrechung aufhört. Die neuen Fristen bleiben dieselben, wie die ursprünglichen. Die Verjährungsfrist kann wiederholt unterbrochen werden; (cf. Olshausen Anm. 10 zu § 72, Frank Anm. I zu § 72).

Die Unterbrechungshandlung muß, soll sie die Vollstreckungsverjährung wirklich unterbrechen, grundsätzlich von der Behörde ausgehen, die für die Vollstreckung sachlich und örtlich zuständig ist, [illegible] der zuständigen Staatsanwaltschaft bezw. dem Amtsrichter; cf. Beschluß des Bayerischen Obersten Landesgerichts vom 18. Dezember 1926 (BayObLG. Band 26 S. 287).

Dagegen kommt es nicht darauf an, ob im Einzelfalle die auf Vollstreckung gerichtete Maßregel gerechtfertigt bezw. gesetzlich erlaubt gewesen ist. So unterbricht z. B. die nicht zulässige Verfügung eines Vorführungsbefehls ohne vorgängige Ladung zum Strafantritt die Verjährung (Olshausen, Anm. 4 c Abs. 2 zu § 72 StGB.).

Dagegen unterbricht eine von dem Gerichte nach §§ 458 ff. StPO. erlassene Entscheidung die Vollstreckungsverjährung nicht, da das Gericht nicht die Vollstreckungsbehörde ist.

Liegt im Verwaltungsstrafverfahren einer Verwaltungsbehörde die Strafvollstreckung ob, z. B. bei § 424 der Reichsabgabeordnung und § 46 des Gesetzes über das Postwesen, so kann diese Behörde die Verjährung unterbrechen.

Als Handlungen der Vollstreckungsbehörde sind natürlich auch diejenigen anzusehen, die in ihrem Auftrage oder auf ihr Ersuchen von anderen Behörden oder Beamten vollzogen werden.

Eine auf Vollstreckung der Strafe gerichtete Handlung der Vollstreckungsbehörde ist neben dem Vollzuge der Strafe selbst zweifellos die Aufforderung zur Zahlung einer Geldstrafe, die Annahme einer Ratenzahlung, die Ladung zum Strafantritt, Erlassung eines Vorführungsbefehles und Haftbefehles oder eines Steckbriefes, die Erneuerung solcher Befehle, das Vollstreckungsersuchen an Gefängnisse, Strafanstalten und andere Behörden, die Anordnung der Aufnahme eines Untersuchungsgefangenen als Strafgefangener im Gerichtsgefängnis, die Aufenthaltserhebungen nach dem Verurteilten zum Zwecke der Zustellung der Ladung und schließlich bei Geldstrafen die Beauftragung des Gerichtsvollziehers zur

Beitreibung der Geldstrafe. Als eine die Verjährung unterbrechende Handlung ist in § 72 StGB. ausdrücklich hervorgehoben die zum Zwecke der Vollstreckung erfolgende Festnahme des Verurteilten durch die hiezu legitimierten Personen, nicht aber durch eine Privatperson, die gegebenenfalls nach § 127 StPO. zur Festnahme zwecks Strafverfolgung, niemals aber zur Festnahme zwecks Strafvollstreckung berufen ist.

Ob eine Handlung „auf Vollstreckung der Strafe" gerichtet ist, kann manchmal recht zweifelhaft sein. Daß die Handlung der Vollstreckung, unmittelbar diene, ist nicht zu erfordern; auch Handlungen, die mittelbar diesen Zweck verfolgen, kommen in Betracht; es genügt, wenn die Handlung darauf abzielt, tatsächliche oder rechtliche Hindernisse, die der Vollstreckung entgegenstehen, zu beseitigen; (cf. Olshausen Anm. 5 zu § 72 StGB.).

Das Bayerische Oberste Landesgericht hat sich hauptsächlich in seinen Entscheidungen vom 25. Oktober 1925, 7. November 1925 und 18. Dezember 1926 (BayObLG. Bd. 25 S. 188 ff. und 191 ff., Bd. 26 S. 287 ff.) mit der Unterbrechung der Verjährung der Strafvollstreckung beschäftigt.

Diese Entscheidungen führen aus, daß als eine auf Strafvollstreckung gerichtete Handlung im Sinne des § 72 der StPO. jede Maßnahme zu verstehen sei, die nach dem Willen der Vollstreckungsbehörde, wenn auch nicht unmittelbar, den Zweck verfolgt, die Vollstreckung der Strafe herbeizuführen und die darauf gerichtet ist, die notwendige Voraussetzung für die Durchführung der Vollstreckung zu schaffen, den Vollzug in die Wege zu leiten.

Das Oberste Landesgericht hat dabei grundsätzlich den Standpunkt vertreten, daß auch während des Laufes einer Bewährungsfrist auf Vollstreckung der Strafe gerichtete Handlungen der Strafvollstreckungsbehörden vorgenommen werden können. Dieser Auffassung steht die Entscheidung des Reichsgerichts vom 30. Oktober 1923 (RGSt. Bd. 57 S. 393 ff.) keineswegs entgegen, die offenbar nur direkte auf die Vollstreckung gerichtete Handlungen während der Bewährungsfrist für unzulässig erklärt.

In den zitierten Entscheidungen des Obersten Landesgerichts ist Unterbrechung der Verjährung hauptsächlich angenommen worden, wenn der Staatsanwalt beim Gericht den Widerruf der Bewährungsfrist beantragt hat (das Gleiche muß natürlich gelten, wenn er nach der neuen Begnadigungsverordnung vom 31. Dezember 1927 beim Gericht den Antrag stellt, daß die Vollstreckung der Strafe angeordnet werde), und wenn er unter dem Betreff: „Strafvollstreckung gegen X." Erhebungen über den Aufenthalt des Verurteilten veranlaßt.

In einer neuesten Entscheidung hat das Bayerische Oberste Landesgericht —. I. Straffenat — in seinem Beschlusse vom 26. November 1928 Beschw.-Reg. I Nr. 319/28, veröffentlicht in der Deutschen Richterzeitung 1929 Heft 3 S. 134, auch ausgesprochen, daß, wenn von Seiten eines mehrfach Bestraften ein Antrag auf Bildung einer Gesamtstrafe gestellt wird und der Staatsanwalt die Abweisung dieses Antrags beantragt, in diesem staatsanwaltschaftlichem Antrage eine die Strafvollstreckungsverjährung unterbrechende Handlung der Strafvollstreckungsbehörde zu erblicken sei.

Die Frage, ob auch durch Einholung der Strafliste oder Anordnung von Erhebungen über die Führung und Würdigkeit des bedingt Verurteilten die Vollstreckung unterbrochen wird, hat das Oberste Landesgericht nicht entschieden. Auch sonst ist die Frage meines Wissens oberstrichterlich noch nicht klargelegt.

Mit Dr. Haldy (in der ZStW. Bd. 30 S. 1 und in Goldt. Arch. Bd. 61 S. 47) möchte ich die Frage bejahen. Diese Erhebungen verfolgen den Zweck, klarzustellen, ob nicht die Bewährungsfrist zu widerrufen bezw. der Strafvollzug anzuordnen ist, und gegebenenfalls den Strafvollzug in die Wege zu leiten. Sie dienen also der eventuellen Beseitigung der dem Strafvollzuge entgegenstehenden Hindernisse.

Auch die Verfügung, durch die ein Strafaufschub oder eine Strafunterbrechung auf eine bestimmte Zeit bewilligt wird, ist als eine auf Vollstreckung der Strafe gerichtete Handlung anzusehen und unterbricht als solche auch die Verjährung; dagegen sind Verfügungen, durch die lediglich der Aufschub oder die Unterbrechung einer Strafe bewilligt wird, nicht auf die Strafvollstreckung gerichtet und unterbrechen deshalb die Strafvollstreckungsverjährung nicht. (cf. Olshausen Anm. 5 Abs. 2 zu § 72 StGB.)

Zweifellos unterbricht schließlich auch ein Antrag auf Entscheidung des Gerichts gemäß § 458 StPO., sofern dieser die Beseitigung von Vollstreckungshindernissen betrifft, die Verjährung.

Dagegen dürfte ein Begnadigungsbericht, der für vollständige Begnadigung sich ausspricht, keine auf Vollstreckung der Strafe gerichtete Handlung sein und deshalb die Strafvollstreckungsverjährung nicht unterbrechen. Auch ein ablehnender Bericht der Staatsanwaltschaft zu einem Gnadengesuche ist nach herrschender Ansicht zur Unterbrechung der Verjährung nicht geeignet (cf. OLG. Königsberg vom 24. September 1928 wiedergegeben in der JurW. 1929 S. 1069).

Zu bemerken ist hier noch, daß die auf Vollstreckung gerichtete Handlung selbstverständlich die Verjährung nur bezüglich der Tat unterbricht, auf welche sie sich bezieht, und daß die Vollstreckung einer anderen Strafe nicht verjährungsunterbrechend auf eine erst zu vollstreckende Strafe wirkt. Wenn also jemand Gefängnisstrafen von 3 und 4 Monaten zu verbüßen hat, so unterbricht die zwecks Verbüßung der dreimonatigen Strafe erfolgte Festnahme oder die im Laufe befindliche Verbüßung dieser Strafe die Strafvollstreckungsverjährung der vier Monate nicht. Ist aber ein und dieselbe Handlung der Strafvollstreckungsbehörde auf die Vollstreckung mehrerer Strafen zugleich gerichtet, dann wird durch sie natürlich die Vollstreckungsverjährung bei jeder dieser Strafen unterbrochen.

Ein Ruhen der Strafvollstreckungsverjährung, ähnlich wie bei der Strafverfolgungsverjährung (§ 69 StGB.), ist dem Reichsstrafgesetzbuch unbekannt. Namentlich findet ein Ruhen nicht statt, wenn die Vollstreckung gesetzlich unzulässig ist, wie z. B. die Vollstreckung gegen einen vor Strafantritt in Geisteskrankheit verfallenen Verurteilten (§ 455 StPO.) oder unmöglich ist, da z. B. zwei Strafen nicht nebeneinander vollstreckt werden können.

Die Unterbrechung der Verjährung tritt ein mit dem Erlaß der sie unterbrechenden Verfügung, nicht erst mit dem Zeitpunkt der Ausführung; (cf. Weichert Seite 28 Ziff. 10 Abs. 1.).

Um zu verhindern, daß Haftstrafen während der Vollstreckung länger dauernder anderer Freiheitsstrafen verjähren, ordnet die VfStrS. in ihrem § 79 an, daß für den Fall, daß gegen einen Verurteilten Freiheitsstrafen verschiedener Art zu vollstrecken sind, wenn Haft oder Arrest mit anderen Freiheitsstrafen zusammentreffen, zunächst die Haft- oder Arreststrafe zu vollstrecken ist.

In Verfolgung der im letzten Satze des § 89 der obengenannten Dienstesvorschriften ausdrücklich in Erinnerung gebrachten Nr. 6 der Justizministerialbekanntmachung vom 27. Oktober 1910, die Unterbrechung der Verjährung der Strafvollstreckung betreffend (JMBl. 1910 S. 911 ff.), soll aber die Verjährung der Vollstreckung einer rechtskräftig ausgesprochenen Strafe nach Erschöpfung der Maßregeln, die zu ergreifen sind, um zu verhindern, daß sich der Verurteilte der Strafe entzieht oder ihr ohne weiteres entgeht, nicht weiter durch Handlungen unterbrochen werden, die nur die Unterbrechung der Verjährung zum Zwecke haben, es müßte denn sein, daß die Vollstreckungsbehörde die weitere Unterbrechung der Verjährung im öffentlichen Interesse für geboten hält.

e) Die Begnadigung.

α. Das Wesen der Begnadigung.

Der Staatsrechtslehrer Dr. Paul Laband bezeichnet in seinem „Staatsrecht des Deutschen Reichs" (1913) Bd. III S. 508 ff. die Begnadigung als einen „Befehl contra legem" und ein „veto gegen den Lauf von Gesetz und Recht". In der Rechtsprechung und Rechtslehre wird sie als ein Verzicht auf den staatlichen Strafanspruch, als ein im Strafprozeßrecht nicht geregelter außerordentlicher Verwaltungsakt der Staatsgewalt bezeichnet. (RGSt. Bd. 50 S. 388 und Bd. 58 S. 265.) Sie ist ihrem Wesen nach Rechtsverzicht, ein Verzicht auf den erwachsenen Strafanspruch. Sie ist ein echter Strafaufhebungsgrund und hat die Wirkung, daß der Strafanspruch des Berechtigten erlischt und daß der Begnadigte auf die Begnadigung nicht verzichten kann. Die Begnadigung zerfällt in die sogenannte Abolition — Niederschlagung der Strafverfolgung — und die Begnadigung nach Eintritt der Rechtskraft des Urteils — Begnadigung im engeren Sinne. Jene ist ein Verzicht auf einen Strafanspruch, der noch gar nicht festgestellt und unter Umständen überhaupt nicht vorhanden ist; diese ist der Verzicht auf den rechtskräftig festgestellten Strafanspruch. Die Begnadigung im engeren Sinne äußert sich darin, daß dem Verurteilten die erkannte Strafe ganz oder teilweise erlassen oder daß sie gemildert wird. Nicht darf das Begnadigungsrecht zu Ungunsten des betreffenden Verurteilten ausgeübt werden; z. B. darf eine erkannte Gefängnisstrafe niemals in eine Zuchthausstrafe umgewandelt werden, selbst wenn der Verurteilte, wie es manchmal vorkommt, darum bittet.

β. Inhaber des Gnadenrechts.

Inhaber des Gnadenrechts ist der Strafanspruchsberechtigte, das ist der Staat.

Dem Reiche steht das Begnadigungsrecht zu in Sachen, in denen das Reichsgericht in erster Instanz erkannt hat (StPO. § 452), sowie in den Strafsachen, in denen ein elsaß-lothringisches, ein Schutzgebiets-, Konsular- oder Marine-Strafgericht erkannt hat.

Sonst wird es von den einzelnen deutschen Ländern ausgeübt (cf. Löwe S. 1004 und Anschütz Anm. 1 zu Art. 49).

Soweit Gnadenerweise bezüglich früherer Militärgerichte in Frage kommen, wird auf Teil III B verwiesen.

Für das Reich übt der Reichspräsident das Begnadigungsrecht aus. Art. 49 der Reichsverfassung vom 11. August 1919 (RGBl. 1919 S. 1383 ff.).

Die Vorschriften über das Begnadigungsrecht der einzelnen Länder gehören dem Verfassungsrecht dieser Staaten an. Infolgedessen sind sie durch das GVG. und die StPO. nicht berührt worden.

In Bayern beschließt der Landtag durch Gesetz über Straferlasse, die sich auf alle bestraften Personen oder auf besondere Gruppen beziehen. Straferlasse für einzelne Personen stehen dem Gesamtstaatsministerium oder nach dessem Beschlusse den einzelnen Ministerien zu; (§§ 51 und 69 der Verfassungsurkunde des Freistaates Bayern vom 14. August 1919 und Kratzer Anm. zu §§ 51 und 69).

Durch Verordnung vom 10. Oktober 1919, die Ausübung des Begnadigungsrechtes betreffend, (GVBl. 1919 S. 692) wurde die Ausübung des Begnadigungsrechts vom Gesamtstaatsministerium mit Ausnahme der Fälle der Todesstrafe den einzelnen Ministerien für ihren Geschäftsbereich übertragen. Die höchste Begnadigungsstelle kann ihrerseits wieder Unterbehörden zur Verbescheidung von Gnadengesuchen delegieren.

γ. Das Begnadigungsrecht in Bayern:

In Bayern ist die Zuständigkeit und das Verfahren in Gnadensachen geregelt in der Bekanntmachung des Staatsministeriums der Justiz vom 31. Dezember 1927 über das Verfahren in Begnadigungssachen — BegnVorschr. — (JMBl. 1927 S. 83 ff.).

Darnach entscheidet über Begnadigungsgesuche das Staatsministerium der Justiz selbst. Daneben sind der Generalstaatsanwalt und die Oberstaatsanwälte bei den OLG. ermächtigt, Begnadigungsgesuche, die keine zur gutachtlichen Äußerung berufene Justizbehörde befürwortet hat, und die sie selbst für aussichtslos halten, im Auftrage des Staatsministeriums der Justiz als zur Berücksichtigung nicht geeignet, zurückzuweisen. Die besagte Ermächtigung erstreckt sich aber nicht auf Gnadengesuche wegen politischer Straftaten und auf Fälle, in denen sich das Staatsministerium der Justiz, insbesondere durch Anordnung der Berichterstattung über ein Gesuch, die Entscheidung vorbehalten hat; so z. B. bei Fälschung von Hartgeld und bei Schulversäumnissen (§ 12 BegnVorschr.; Bek. des StM. der Justiz vom 15. Januar 1927 über die Bekämpfung der Münzverbrechen [JMBl. 1927 S. 1] und autographierte Entschl. des StM. der Justiz vom 21. Mai 1924 Nr. 18324 betr. Aufsicht über Strafrechtspflege). Bei der Zurückweisung eines Gnadengesuches kann angeordnet werden, daß die Strafe ohne Rücksicht auf weitere Gesuche um Begnadigung oder Strafaufschub zu vollstrecken ist (§ 12 BegnVorschr.).

Die Anordnung der beschränkten Auskunft aus dem Strafregister und der Tilgung von Strafvermerken — § 8 des

Gesetzes vom 9. April 1920 betr. beschränkte Auskunft aus dem Strafregister und die Tilgung von Strafvermerken in der Fassung nach Art. X der Verordnung über Vermögensstrafen und Bußen vom 6. Februar 1924 (RGBl. 1920 S. 507 und 1924 Teil I S. 44) — ist kein Gnadenakt. Diese Maßnahmen werden, wenn in Bayern das Strafregister geführt wird, von dem Bayer. Staatsministerium der Justiz getroffen. Bezüglich des beim Reichsjustizministerium geführten Strafregisters ist der Reichsjustizminister zuständig (§ 72 Begn. Vorschr.). Die Zuständigkeit für die Behandlung von Gesuchen eben besprochener Art ist in § 73 BegnVorschr. geregelt.

Gesuche, die einen von den Vorschriften der Art. 23—25 AG. StPO. abweichenden Vollzug von Freiheitsstrafen anstreben, sind Begnadigungsgesuche (§ 70 Abs. 1 BegnVorschr.).

Die Oberstaatsanwälte dürfen gestatten, daß eine Gefängnisstrafe statt in einer Gefangenenanstalt in einem Gerichtsgefängnis oder statt in einem Landgerichtsgefängnis in einem Amtsgerichtsgefängnis vollstreckt wird. Sie dürfen auch aus dienstlichen Gründen, ohne daß ein Gesuch vorliegt, mit Zustimmung des Verurteilten eine Gefängnisstrafe in einer solchen von den allgemeinen Vorschriften abweichenden Weise vollstrecken lassen. Zuständig ist der Oberstaatsanwalt, in dessen Bezirk die Strafe nach den maßgebenden Vorschriften zu vollstrecken ist. Soll die Strafe in einem anderen Oberlandesgerichtsbezirk vollstreckt werden, so ist die Zustimmung des für diesen Bezirk zuständigen Oberstaatsanwalts erforderlich. Wird sie versagt, so wird die Entscheidung des Staatsministeriums der Justiz eingeholt.

Gesuche um Änderung des Strafortes, die nicht unter obige Bestimmungen fallen, sind nicht Begnadigungsgesuche, sondern Vorstellungen an die Justizverwaltung. Die Zuständigkeit zur Behandlung solcher Gesuche bemißt sich nach § 5 BegnVorschr. Über die Gesuche entscheiden die Oberstaatsanwälte. Satz 2—5 des vorstehenden Absatzes gelten entsprechend; der Zustimmung des Verurteilten bedarf es aber nicht, wenn aus dienstlichen Gründen angeordnet werden soll, daß die Strafe in einer anderen als der örtlich zuständigen Anstalt vollstreckt wird.

Im III. Abschnitte (§§ 25 ff. der BegnVorschr.) werden die Gerichte ermächtigt, bei Erlassung des Urteils oder Strafbefehls Gefängnis- und Festungshaftstrafen bis zu einem Jahre oder Haftstrafen und zwar auch, wenn die Strafen nebeneinander verhängt werden, bedingt zu erlassen. Wird eine Gesamtstrafe ausgesprochen, so ist ihre Höhe maßgebend (§§ 25 und 26 der BegnVorschr.). Nach § 26 der genannten Vorschriften kann selbstverständlich auch in den Fällen, in denen ein Teil der Strafe infolge Anrechnung der Untersuchungshaft als verbüßt gilt, der Rest der Strafe bedingt erlassen werden (cf. autogr. Entschl. des StM. der Justiz vom 21. Mai 1929 Nr. 23371).

Freiheitsstrafen, die im Falle der Uneinbringlichkeit einer Geldstrafe an deren Stelle treten, dürfen nur dann mit sofortiger Wirksamkeit bedingt erlassen werden, wenn mit Sicherheit vorauszusehen ist, daß die Geldstrafe aus dem beweglichen Vermögen des Verurteilten nicht beigetrieben und vom Verurteilten auch bei gutem Willen nicht einmal in Teilbeträgen gezahlt werden kann

Andernfalls wird die Wirksamkeit des bedingten Straferlasses von der Voraussetzung abhängig gemacht, daß die Geldstrafe nicht beigetrieben und vom Verurteilten auch bei gutem Willen nicht einmal in Teilbeträgen gezahlt werden kann. In diesem Falle entscheidet das Gericht nach Feststellung der Uneinbringlichkeit der Geldstrafe und nach Vornahme der etwa veranlaßten weiteren Ermittelungen über die Zahlungsfähigkeit des Verurteilten, ob die Voraussetzung eingetreten ist (§ 27 der BegnVorschr.).

Auch eine Gesamtstrafe, die nach § 460 StPO. festgesetzt wird, kann bei der Festsetzung bedingt erlassen werden, wenn sie ein Jahr nicht übersteigt und mindestens eine der Strafen, aus denen die Gesamtstrafe gebildet wird, bedingt erlassen war.

Der bedingte Erlaß der ganzen Strafe durch das Gericht soll damit der Bedeutung eines Gnadenaktes entkleidet und ausschließlich ein Akt der Strafbemessung werden (BegnVorschr. S. 83).

Nach § 29 der BegnVorschr. kann Verurteilten, die mindestens $^3/_4$ ihrer Strafe verbüßt haben, durch das Gericht der Rest bedingt erlassen werden. Nach der gleichen Vorschrift kann das Gericht dem Verurteilten den Rest der Strafe auch dann bedingt erlassen, wenn ihm zunächst die ganze Strafe bedingt erlassen, dann aber nach § 35 die Vollstreckung der Strafe angeordnet worden ist. Die Abweisung eines Gesuchs um bedingten Erlaß des Strafrestes nach § 29 oder eines hierauf gerichteten Antrags der Staatsanwaltschaft läßt die Zuständigkeit des Gerichts für weitere Entscheidungen nach § 29 unberührt; (autographierte Entschließung des Staatsministeriums der Justiz vom 21. Mai 1929 Nr. 23 371).

Der eben erwähnte bedingte Straferlaß soll, wie die Begnadigungsbekanntmachung auf S. 83 sich ausdrückt, in erhöhtem Maße dem Erziehungsgedanken im Strafvollzuge dienen und insbesondere den in den bayerischen Strafanstalten eingeführten Strafvollzug in Stufen ergänzen. Er soll — Bekanntm. des StM. der Justiz vom 14. März 1928 über das Verfahren in Begnadigungssachen und die vorläufige Entlassung von Strafgefangenen (BayerStA. 63 vom 15. März 1928) — weitgehend die vorläufige Entlassung nach §§ 23 ff. StGB. ersetzen. Die Voraussetzung, daß der Verurteilte $^3/_4$ seiner Strafe verbüßt haben muß, ist deshalb die gleiche wie in § 23 StGB.

Die Grundsätze für die Berechnung der Strafzeit in § 4 der Bekanntmachung des Staatsministeriums der Justiz vom 14. September 1908 über die vorläufige Entlassung von Strafgefangenen (JMBl. 1908 S. 183 ff.) sind mit Ausnahme der Nr. 2 Satz 2—4 anzuwenden.

Sie besagen:

Als auferlegte Strafe gilt auch eine nach § 29 StGB. ausgesprochene Gesamtstrafe, ebenso natürlich auch eine nach § 460 StPO. gebildete (cf. Degen-Klimmer S. 275 Anm. 1).

Handelt es sich um die Vollstreckung mehrerer Freiheitsstrafen, die auf eine Gesamtstrafe nicht zurückgeführt werden konnten, so ist hinsichtlich jeder einzelnen Strafe die Frage der vorläufigen Entlassung zu prüfen. Es dürfen also mehrere selbständige Strafen, die im unmittelbaren Anschluß aneinander zu vollstrecken sind, nicht als eine Strafe behandelt werden.

Wenn der Verurteilte wegen der abgeurteilten Tat in Untersuchungshaft war, so ist die Strafzeit von der Rechtskraft der Verurteilung an zu berechnen, z. B. wenn jemand eine Gefängnisstrafe von einem Jahre zuerkannt erhielt und ihm vier Monate Untersuchungshaft auf die Strafe angerechnet wurden, so kann er nach Verbüßung von sechs Monaten ab Rechtskraft des Urteils für das letzte Viertel seiner Strafe also für zwei Monate bedingt begnadigt werden.

Wegen der Strafzeitberechnung selbst wird auf den zweiten Teil Ziffer III dieser Abhandlung und auf das nachfolgende Beispiel verwiesen.

Wann drei Viertel der Strafe verbüßt sind, hat bei Strafen, die in einer bayer. Strafanstalt zu erstehen sind, die Direktion dieser Anstalt der Strafvollstreckungsbehörde bei der Benachrichtigung vom Strafantritt oder von der Einlieferung in die Strafanstalt mitzuteilen. Die Strafvollstreckungsbehörde prüft ihrerseits auch die Berechnung der drei Viertel der Strafzeit und äußert sich zu ihr wie zu der Strafzeitberechnung. Die Formblätter 63 und 64 (JMBl. 1926 S. 253 ff.) sind entsprechend zu ergänzen.

Bei der Berechnung der $^{3}/_{4}$ Strafzeit kann verschieden verfahren werden. Sie kann erfolgen aus der wirklich zu verbüßenden Zeit, das ist aus der Zahl der Tage, die zwischen Strafbeginn und dem festgesetzten Strafende liegen. Sie kann aber auch in der Weise festgestellt werden, daß die ausgesprochene Strafe zu Grunde gelegt das Jahr zu 12 Monaten und das Monat zu 30 Tagen gerechnet wird und daß aus dieser Strafzeit die $^{3}/_{4}$ berechnet werden; (cf. Degen-Klimmer S. 276 und 284).

Ein Beispiel mag die zwei verschiedenen Berechnungsweisen der $^{3}/_{4}$ Strafzeit näher darstellen:

A wurde mit rechtskräftigem Beschluß des Amtsgerichts München vom 3. August 1928 zu einer Gesamtstrafe von 3 Jahren und 4 Monaten Gefängnis verurteilt. Auf Grund eines Haftbefehls wurde er, da er die Strafe nicht antrat, festgenommen und am 3. November 1928 vormittags 8.35 Uhr in die Polizeidirektion München eingeliefert, die ihn am 12. November 1928 vormittags 10.37 Uhr in die für ihn zuständige Strafanstalt einlieferte. Die $^{3}/_{4}$ Strafzeit berechnet sich nach der ersteren Methode wie folgt:

Die Strafe beginnt, wovon später noch die Rede sein wird, mit der Einlieferung des Bestraften bei der Polizeidirektion München, das ist am 3. November 1928 vormittags 8.35 Uhr; sie endet am 3. März 1932 vormittags 8.35 Uhr. Die tatsächlich zu verbüßende Strafe beträgt $3 \times 365 = 1095$ und 27 und 31 und 31 und 29 und 3 Tage $= 1216$ Tage. $^{3}/_{4}$ hiervon sind: 912 Tage.

Die $^{3}/_{4}$ Strafzeit endet deshalb am 4. Mai 1931 vormittags 8 Uhr 35 Minuten.

Auf dem zweiten Weg berechnen sich $^3/_4$ Strafzeit folgendermaßen:

$^3/_4$ von 3 Jahren sind . . .	2 Jahre 3 Monate
$^3/_4$ von 4 Monaten sind	3 Monate
$^3/_4$ Strafzeit sind also:	2 Jahre 6 Monate.

Das Ende der $^3/_4$ Strafzeit ist hier: 3. Mai 1931 vormittags 8 Uhr 35 Minuten.

Auf einen Bericht der Staatsanwaltschaft bei dem Landgerichte München I, die auf diese beiden Rechnungsmethoden hinwies und um Weisung bat, welche Berechnungsart gewählt werden soll, hat das Staatsministerium der Justiz in seiner autographierten Entschließung vom 12. Mai 1928 Nr. 18567 betreffend den Vollzug des § 29 der BegnVorschr. sich dahin ausgesprochen, daß kein Bedenken dagegen besteht, daß bei Berechnung von $^3/_4$ der Strafzeit das Jahr zu 12 Monaten und der Monat zu 30 Tagen gerechnet werde. Es hat also die einfachere zweite Rechnungsart gebilligt.

An dieser Stelle soll schließlich noch Erwähnung getan werden der Entschließungen des Bayer. Staatsministeriums der Justiz vom 11. April 1928 Nr. 15539, (nicht gedruckt) und vom 24. September 1928 Nr. 38395 (JMBl. 1928 S. 252).

Erstere führt aus:

„Nach § 29 der BegnVorschr. soll Verurteilten das letzte Viertel ihrer Strafe bedingt erlassen werden können. Der bedingte Erlaß des letzten Viertels soll nach § 31 bei Gefangenen der III. Stufe sogar die Regel sein. Daraus ergibt sich, daß das Gericht über den bedingten Erlaß des Strafrestes schon Beschluß fassen kann, bevor der Verurteilte drei Viertel seiner Strafe verbüßt hat. Der Wortlaut des § 29 steht nicht entgegen.

Die Beschlußfassung des Gerichts darf aber nicht zu bald erfolgen, denn es muß zuverlässig beurteilen können, ob die

Voraussetzungen des § 31 vorliegen, ob vor allem die Führung des Verurteilten im Strafvollzuge die Erwartung begründet, daß er künftig ein gesetzmäßiges und geordnetes Leben führen wird. Die Begnadigungsvorschriften ermächtigen das Gericht nicht, die Bewilligung des bedingten Erlasses des Strafrestes von der Bedingung abhängig zu machen, daß der Verurteilte sich auch weiterhin gut führt.

Sinn und Zweck der Vorschriften über den bedingten Erlaß des Strafrestes ziehen hienach der Beschlußfassung der Gerichte die erforderlichen zeitlichen Grenzen."

Die Entschließung vom 24. September 1929 empfiehlt nach Lage des Falles insbesondere bei Arbeitnehmern den bedingten Erlaß des Strafrestes schon angemessene Zeit vor der Entlassung zu bewilligen, damit ihnen, wenn nötig, die Obsorge für entlassene Gefangene eine Arbeitsgelegenheit vermitteln kann.

Sie fügt hinter § 34 der BegnVorschr. unter § 34 a folgende Vorschrift ein:

„Der bedingte Erlaß der Strafe oder des Strafrestes kann von dem Gerichte, das ihn bewilligt hat, widerrufen werden, wenn sich vor dem Beginn der Probezeit herausstellt, daß die Voraussetzungen für die Bewilligung (§§ 30, 31) nicht gegeben sind."

Zu § 50 Abs. II der BegnVorschr. macht sie folgenden Zusatz:

„Ebenso berichtet sie oder die Direktion der Strafanstalt unmittelbar über Tatsachen, derentwegen der Widerruf des bedingten Straferlasses nach § 34 a beim Gericht anzuregen wäre."

Der bei Erlassung eines Strafbefehls bewilligte bedingte Straferlaß wird wirkungslos, wenn infolge der Einlegung des Einspruchs gegen den Strafbefehl die Strafe durch Urteil ausgesprochen wird. Dasselbe gilt für den vom Gericht erster Instanz bewilligten bedingten Straferlaß, wenn gegen sein Urteil

Berufung eingelegt und über sie sachlich entschieden wird (§ 37 der BegnVorschr.).

Bei Vorliegen der Bedingungen des § 35 der Verordnung ordnet das Gericht die Vollstreckung der bedingt erlassenen Strafe an.

Gegen die Entscheidungen der Gerichte anläßlich des bedingten Straferlasses können der Verurteilte, der Antragsteller und die Staatsanwaltschaft binnen einer Frist von einer Woche Beschwerde einlegen. Die Entscheidungen des Obersten Landesgerichts sind unanfechtbar.

Das Gericht, dessen Entscheidung angefochten wird, kann der Beschwerde abhelfen; eine verspätete Beschwerde weist es endgültig zurück.

Die Beschwerde hat nur dann aufschiebende Wirkung, wenn sie von der Staatsanwaltschaft gegen einen Beschluß eingelegt wird, durch den einem Strafgefangenen der Rest seiner Strafe bedingt erlassen wird. Sonst kann das Gericht, dessen Entscheidung angefochten wird, oder das Beschwerdegericht die einstweilige Einstellung der Strafvollstreckung anordnen (§ 43 der BegnVorschr.).

Im übrigen sind für die Vollstreckungsbehörden noch folgende Vorschriften der Gnadenverordnung bemerkenswert und zu beachten:

Begnadigungsgesuche können schriftlich oder mündlich gestellt werden. Ihre Aufnahme, für die in erster Linie die Geschäftsstelle des Gerichts zuständig ist, das in der Strafsache in erster Instanz erkannt hat, kann auch einem Urkundsbeamten der Geschäftsstelle der Staatsanwaltschaft übertragen werden.

Zur Ersparung von Ermittelungen wird bei der Entgegennahme eines Gnadengesuches der Bittsteller tunlichst zur Beibringung von Belegen für die zur Begründung des Gesuches aufgestellten wesentlichen Behauptungen z. B. einer Bescheinigung über sein Arbeitsverhältnis, eines ärztlichen Zeugnisses usw. veranlaßt Wird um die Umwandlung einer Freiheitsstrafe in eine Geldstrafe oder um den Erlaß oder die Minderung einer größeren Geldstrafe gebeten, so wird darauf hingewirkt, daß eine amtliche Auskunft über die Erwerbs- und Vermögensverhältnisse des Verurteilten vorgelegt oder die Finanzbehörde zur Erteilung einer Auskunft ermächtigt wird.

Bei besonderem Anlaß kann ein Gnadenerweis auch von Amts wegen angeregt werden (§ 1 BegnVorschr.).

Bei jeder Verurteilung eines Minderjährigen zu einer Zuchthausstrafe hat die Staatsanwaltschaft zu prüfen, ob die Milderung der Strafe in eine Gefängnisstrafe nach Lage des Falles möglich und mit Rücksicht auf die Persönlichkeit des Verurteilten angezeigt ist, und gegebenenfalls mit größter Beschleunigung einen entsprechenden Gnadenerweis anzuregen. — Bekm. des Staatsministeriums der Justiz vom 14. Januar 1929 Nr. 58258 über die Vollstreckung von Strafen gegen Minderjährige zwischen 18 und 21 Jahren (Bayer. StA. 12/1929). —

Ein Beschuldigter, der die Beschuldigung oder wenigstens das Maß seines Verschuldens bestreitet, darf nicht veranlaßt werden, statt des zulässigen Rechtsbehelfs ein Gnadengesuch zu stellen oder eine Eingabe, die als Rechtsbehelf oder Gnadengesuch aufgefaßt werden kann, als Gnadengesuch zu erklären (§ 2 Abs. 2 BegnVorschr.).

Wird ein Gnadengesuch bei einer anderen Behörde als der Strafvollstreckungsbehörde angebracht, so gibt sie davon unverzüglich der Strafvollstreckungsbehörde Kenntnis (§ 4 Abs. 5 BegnVorschr.).

Die Gesuche hemmen grundsätzlich die Vollstreckung der Strafe nicht (§§ 3, 50, 63 der BegnVorschr.).

Über die Aussetzung der Vollstreckung und der Verschubung (bei Strafortsänderungsgesuchen) entscheidet im Einzelfalle die Strafvollstreckungsbehörde; diese Entscheidung darf nicht einem Urkundsbeamten der Geschäftsstelle des Gerichts oder der Staatsanwaltschaft übertragen werden (§ 4 Abs. I und III BegnVorschr.).

Die Vollstreckung wird bis zur Entscheidung über das Gesuch eingestellt, wenn das Gesuch nicht aussichtslos ist und durch die sofortige Vollstreckung der Entscheidung über das Gesuch vorgegriffen würde. Dies gilt nicht für Freiheitsstrafen, wenn die Strafhaft schon begonnen hat. Ist ein verhafteter Verurteilter noch nicht an den Strafort abgeliefert, so unterbleibt einstweilen die Ablieferung, wenn die obigen für die Einstellung der Strafvollstreckung notwendigen Voraussetzungen vorliegen.

Nach der Abweisung eines Gesuches darf weiteren Gesuchen aufschiebende Wirkung nur gegeben werden, wenn neue Tatsachen bekannt geworden oder glaubhaft geltend gemacht sind, die zu einer Änderung der früheren Entscheidung führen können. Hat das Staatsministerium der Justiz oder der Oberstaatsanwalt angeordnet, daß die Vollstreckung unverzüglich eingeleitet oder fortgesetzt wird, so bedarf es unbeschadet des § 455 Abs. I und II StPO. zur Einstellung der Vollstreckung seiner Genehmigung; sie wird unmittelbar, in der Regel fernmündlich eingeholt; Ermittelungen dürfen zuvor nur angestellt werden, wenn es für die Entscheidung über die Einstellung der Vollstreckung unerläßlich ist.

Gegen einen fluchtverdächtigen Verurteilten können aber stets die Maßnahmen des § 457 StPO. getroffen werden.

Der um die Beitreibung einer Geldstrafe ersuchten Behörde wird von der Einstellung der Strafvollstreckung Kenntnis gegeben (§ 3 der BegnVorschr.).

Der Oberstaatsanwalt und in den Strafsachen, in denen der Amtsrichter Strafvollstreckungsbehörde ist, auch der Staatsanwalt bei dem Landgerichte kann anordnen, daß die Strafvollstreckung eingestellt oder betrieben wird (§ 4 Abs. 4 der BegnVorschr.).

Über Beschwerden gegen die Strafvollstreckungsbehörde entscheidet, wenn diese der Amtsrichter ist, der Staatsanwalt bei dem Landgerichte, im übrigen der Oberstaatsanwalt beim Oberlandesgerichte, vorausgesetzt, daß die Vollstreckungsbehörde der Beschwerde nicht abhilft. Gegen den Bescheid des Generalstaatsanwalts als Vollstreckungsbehörde ist nur Beschwerde an das Staatsministerium der Justiz möglich.

Aussichtslosen Beschwerden versagt die Strafvollstreckungsbehörde die aufschiebende Wirkung. Nach der Verwerfung einer Beschwerde darf weiteren Gesuchen aufschiebende Wirkung nur gegeben werden, wenn neue Tatsachen bekannt geworden oder glaubhaft geltend gemacht sind, die zu einer Änderung der früheren Entscheidung führen können (§§ 3, 68 der BegnVorschr.).

Begnadigungsgesuche behandelt die Staatsanwaltschaft bei dem Gerichte, das in der Strafsache in erster Instanz erkannt hat.

Bezieht sich das Gesuch auf eine Gesamtstrafe, deren Einzelstrafen von verschiedenen Gerichten ausgesprochen worden sind, so behandelt das Gesuch die Staatsanwaltschaft bei dem Gerichte, das die Gesamtstrafe gebildet hat, und wenn dies ein außerbayerisches Gericht ist, die Staatsanwaltschaft bei dem beteiligten bayerischen Gericht; bei Beteiligung mehrerer bayerischer Gerichte die Staatsanwaltschaft bei dem bayerischen Gericht, das die schwerste Einzelstrafe ausgesprochen hat (vergl. Nr. II der Vereinbarung des Reichs und der Länder über die vorläufige Entlassung und die Ausübung des Begnadigungsrechts bei Gesamtstrafen, JMBl. 1923 S. 103). Die Staatsanwaltschaften bei den anderen beteiligten bayerischen Gerichten werden um Äußerung zu der Gnadenbitte ersucht, es sei denn, daß die Einzelstrafe geringfügig und für die Würdigung des Gesuches von keiner besonderen Bedeutung oder das Gesuch aussichtslos ist

Gesuche, die vom Staatsministerium der Justiz hinausgegeben und ihm wieder vorzulegen sind, dürfen nicht beschrieben werden und nicht durch Blattzahlen zu Bestandteilen der Akten gemacht werden (Abs. II Satz 3 des § 6 der BegnVorschr.).

Kundgebungen unbeteiligter Personen werden, wenn Hauptzweck der Protest gegen eine Verurteilung oder die Vollstreckung einer Strafe ist, nicht als Gnadengesuche behandelt, sondern mit einem kurzen Bericht dem Staatsministerium der Justiz auf dem Dienstwege vorgelegt (§ 7 der BegnVorschr.).

Der Entscheidung über die Begnadigung darf nicht dadurch vorgegriffen werden, daß das Gericht, die Staatsanwaltschaft oder die Strafvollstreckungsbeamten dem Verurteilten oder einer anderen Privatperson gegenüber zu der Frage der Begnadigung Stellung nehmen oder von ihrer Stellungnahme zu der Frage Kenntnis geben (§ 11 der BegnVorschr.).

Der Inhalt der Entscheidung über das Gesuch wird durch die Strafvollstreckungsbehörde den Beteiligten ohne Gründe bekanntgegeben. Bei der Bekanntgabe von Entscheidungen des Staatsministeriums der Justiz und der Oberstaatsanwaltschaft ist den Beteiligten nicht ein Abdruck der Entscheidung über das Gesuch zu übersenden; es ist ihnen lediglich der Inhalt der Entscheidung ohne Gründe bekanntzugeben. Anordnungen, wonach nur ein Teil des Inhalts bekannt zu geben ist, werden genau beachtet (§ 16 der BegnVorschr.).

Ist das Gesuch abgewiesen, so wird sofort die Strafvollstreckung eingeleitet oder fortgesetzt, soweit kein Hindernis entgegensteht.

Von der Erledigung eines Gesuches um Erlaß oder Minderung einer Geldstrafe wird auch der Behörde Kenntnis gegeben, die um ihre Beitreibung ersucht wurde.

Um die Eröffnung der Entschließung an einen Strafgefangenen wird die Direktion der Strafanstalt oder der Vorstand des Gerichtsgefängnisses ersucht.

Wenn eine Strafe, die in das Strafregister eingetragen werden muß, im Gnadenwege erlassen, gemindert oder gemildert worden ist oder wenn einem Verurteilten die bürgerlichen Ehrenrechte oder einzelne Rechte oder Fähigkeiten, die er infolge der Verurteilung verloren hat, wieder verliehen worden sind, wird hievon dem Strafregister Mitteilung gemacht. § 16 der Verordnung und § 7 Nr. 1 der Strafregister-Verordnung vom 8. März 1926 (RGBl. I S. 157).

Alle in derselben Sache anfallenden Gesuche, Ermittelungen, Berichte und Entscheidungen werden nicht mit den gerichtlichen Akten über das Strafverfahren verbunden, sondern gesondert verwahrt. Diese Sammelakten sind Akten der Justizverwaltung im Sinne des § 20 Abs. IV der DVfStA. Ihr Inhalt ist geheim zu halten. Ihre Bildung und Verwahrung obliegt der nach § 5 der Verordnung zuständigen Behörde.

Auf dem Umschlag werden der Name, der Stand und der Wohnort des Verurteilten, die Nummer des Vollstreckungsregisters und des staatsanwaltschaftlichen Anzeigeverzeichnisses und in Forststrafsachen die Nummer der forstamtlichen Übersicht angegeben. Hat das Staatsministerium der Justiz Berichterstattung angeordnet, so wird dies augenfällig auf dem Umschlag vermerkt (§ 17 der BegnVorschr.).

Die Vorschriften der Begnadigungsverordnung sind in erster Linie auf Gesuche abgestellt, die sich auf eine von einem bayerischen bürgerlichen Strafgericht ausgesprochene Hauptstrafe beziehen. Für Gesuche, die Nebenstrafen, Haftung für Geldstrafen, durch Strafurteil oder Strafbefehl angeordnete öffentlich rechtliche Maßnahmen und Straffolgen betreffen, gelten sie ebenfalls, soweit nicht einzelne Vorschriften nach ihrem Inhalt darauf unanwendbar sind (§ 77 der BegnVorschr.).

Gesuche jedoch um Erlaß oder Minderung oder Stundung der Zahlung von Geldstrafen, die eine Verwaltungsbehörde nach § 419 der StPO. oder nach § 410 oder § 412 RAbgO., festgesetzt hat, werden von der Verwaltungsbehörde behandelt, selbst wenn das Gericht die Geldstrafe nach § 423 StPO. oder § 435 RAbgO. in eine Freiheitstrafe umgewandelt hat. Die Justizbehörden berichten aber an das Staatsministerium der Justiz, wenn gebeten ist, die Vollstreckung der Freiheitstrafe zu unterbrechen oder aufzuschieben und nicht durch den Aufschub der Strafvollstreckung eine Zeit gewonnen werden soll, um die Geldstrafe zahlen zu können. In den obigen Fällen können auch die Gerichte nicht die Strafe bedingt erlassen. Wird um den bedingten Erlaß gebeten oder will er von Amts wegen angeregt werden, so wird an das Staatsministerium der Justiz berichtet (§ 80 der BegnVorschr.).

Wird ein Gesuch um Rückerstattung einer schon gezahlten Geldstrafe oder um Freigabe eines eingezogenen Gegenstandes oder um Unterlassung der angeordneten Vernichtung oder Unbrauchbarmachung bei einer Justizbehörde eingereicht, so gibt sie es an die Finanzbehörde ab. Dasselbe gilt für Gesuche, die sich auf die Kosten des Strafverfahrens oder der Strafvollstreckung oder den Wert- oder Schadenersatz wegen Forstfrevels im Staatswald oder die Haftbarkeit für einen solchen Wert- oder Schadenersatz oder den Vollzug forstpolizeilicher Anordnungen beziehen (§ 81 der BegnVorschr.).

In den Fällen des § 335 StGB. ist zur Begnadigung das Staatsministerium der Finanzen zuständig, wenn das Empfangene selbst, dagegen das Staatsministerium der Justiz, wenn der Wert des Empfangenen dem Staate verfallen ist (cf. JME. vom 21 Mai 1929 Nr. 23371).

II. Gründe, welche die Strafvollstreckung hemmen:

a) Der Strafausspruch selbst.

Hat das rechtskräftige Urteil im Tenor einen offenbaren Schreib-, Rechen- oder Redaktionsfehler, so kann es nicht vollstreckt werden. Es muß vor der Vollstreckung die Urteilsberichtigung durch das Gericht herbeigeführt werden, das sie jederzeit von Amts wegen betätigen kann. Diese Berichtigung des Gerichts erkennen ausdrücklich an die Entscheidungen des Reichsgerichts in Strafsachen Bd. 13 S. 267 und Bd. 28 S. 81 und 247, in denen für Strafurteile grundlegend ausgesprochen ist, daß offenbare Mängel des Ausdruckes für das erkennbar Gewollte, Schreib- oder Rechenfehler und ähnliche offensichtliche Unrichtigkeiten jederzeit durch Beschluß berichtigt werden können, wenn sie sich aus dem Urteile selbst erklären und ihre Berichtigung weder die Einheitlichkeit des Urteils noch seine Konzinnität und Argumentation in Frage zu stellen geeignet sind. Weitergehende, insbesondere sachliche Mängel des Urteils, vor allem hinsichtlich der Strafe nach Art und Höhe, können natürlich nicht im Wege der einfachen Berichtigung behoben werden. Sie sind nur im Rechtsmittelverfahren und, wenn dies nicht mehr möglich, im Wege der gerichtlichen Entscheidung nach §§ 458, 462 StPO., im äußersten Falle im Gnadenwege zu beseitigen.

Der Strafausspruch kann auch unklar sein. In diesem Falle muß er vor seiner Vollstreckung durch gerichtliche Entscheidung nach § 458 StPO. geklärt werden.

Schließlich kann der Strafausspruch auch unvollständig sein. Unvollständig ist er, wenn bei Ausspruch einer Geldstrafe für den Fall ihrer Uneinbringlichkeit die Festsetzung der an ihre Stelle tretenden Ersatzfreiheitsstrafe unterblieben ist. Auch in diesem Falle ist eine Vollstreckung nicht möglich. Es muß vor ihrer Einleitung gemäß § 459 StPO. die Umwandlung der Geldstrafe in eine entsprechende Freiheitsstrafe herbeigeführt werden, wovon schon in diesem Abschnitt lit. A Ziff. III b die Rede war.

b) Die Immunität der Abgeordneten.

Art. 37 Abs. III der Verfassung des Deutschen Reiches vom 11. August 1919 (RGBl. 1919 S. 1387 ff.) schreibt vor, daß kein Mitglied des Reichs- oder eines Landtages ohne Genehmigung des Hauses, dem er angehört, während der Sitzungsperiode in Strafhaft genommen werden darf und daß jede Strafhaft eines Abgeordneten auf Verlangen des Hauses, dem er angehört, für die Dauer der Sitzungsperiode aufgehoben wird. Die gleiche Immunität wird den Abgeordneten in § 39 der Verfassungsurkunde des Freistaates Bayern vom 14. August 1919 (GVBl. S. 540) gewährleistet.

Die besagte Immunität ist nach Art. 37 der Reichsverfassung entgegen der alten Reichsverfassung nunmehr auch den Mitgliedern des Landtages der einzelnen Länder reichsgesetzlich gewährleistet, so daß also z. B. ein bayerischer Abgeordneter auch auf Grund einer preußischen Strafe nicht zum Strafantritt während der Sitzungsperiode gezwungen werden kann.

Die Sitzungsperiode dauert von dem Augenblick der Eröffnung bis zum Augenblick der Schließung des Reichstags, umfaßt also auch die Zeit der Vertagung; cf. Löwe Anm. 7 a zu § 6 des EG. zur StPO. und die dort angeführte Literatur und Rechtsprechung. Für den bayerischen Landtag gelten die Bestimmungen des § 30 der bayer. Verfassungsurkunde vom 14. August 1919 (GVBl. 1919 S. 531.).

Hinsichtlich des Präsidenten des Reichstages, seiner Stellvertreter und der ständigen Mitglieder etc. von Ausschüssen, vergleiche Gesetz zur Ergänzung der Reichsverfassung vom 22. Mai 1926 (RGBl. 1926 Teil I S. 243).

Ein Verzicht eines Abgeordneten auf seine Immunität ist angesichts des klaren unbestrittenen Wortlautes des Art. 37 der RV. nicht zulässig. Der Schutz des Art. 37 ist dem Abgeordneten nicht in seinem persönlichen, sondern im öffentlichen Interesse an der unbehinderten Ausübung des Berufes als Abgeordneter und der ungestörten Tätigkeit des Hauses selbst gewährt (cf. Entsch. d. OLG. Karlsruhe v. 11. Dezember 1924, mitgeteilt in der Juristischen Wochenschrift, Jahrgang 1925, Seite 1027).

c) Strafaufschub und Strafunterbrechung.

Die Strafvollstreckung hemmen während der Dauer ihrer Bewilligung auch Strafaufschub und Strafunterbrechung. Von ihnen wird noch im zweiten Teil (lit. B Ziff. IV—VI) dieses Werkchens die Rede sein.

d) Sonstige Einreden.

Schließlich hemmen die Strafvollstreckung in manchen Fällen noch die Einreden von Verurteilten, sie seien nicht die Bestraften, sie seien in derselben Sache schon bestraft worden, sie hätten die Strafe schon bezahlt oder verbüßt, für sie sei ein Gnadenerlaß anzuwenden und anderes mehr.

B. Gerichtliche Entscheidungen über Strafvollstreckungsausschließungs- und Hemmungsgründe.

Die aufgeführten und andere seltener vorkommende Strafvollstreckungsaufhebungs- und -hemmungsgründe können der Strafvollstreckungsbehörde bei ihrer Prüfung der Zulässigkeit der Strafvollstreckung oder auf Grund von Anregungen oder Anträgen offenbar werden. Sie hat eingehend zu prüfen, ob auf Grund dieser Hindernisse die Vollstreckung der Strafe stattfinden kann. Hält sie auf Grund dieser eingehenden Prüfung die Strafvollstreckung unzweifelhaft für unzulässig, so hat sie von der Einleitung derselben abzusehen, oder, wenn sie bereits eingeleitet ist, dieselbe sofort auszusetzen und den Büßer aus der Strafhaft zu entlassen. Bestehende vorübergehende Hindernisse hat die Strafvollstreckungsbehörde, wenn ihr dies möglich ist, selbst zu beseitigen, wenn ihr dies aber nicht möglich ist, und insbesondere in Zweifelsfällen hat sie von Amts wegen die Entscheidung des Gerichts anzurufen (§ 458 StPO.).

Es kann aber auch der Verurteilte selbst, wenn über die Auslegung eines Strafurteils oder über die Berechnung der erkannten Strafe, wovon später noch ausführlich zu sprechen sein wird, Zweifel entstehen, oder wenn Einwendungen gegen die Zulässigkeit der Strafvollstreckung erhoben werden, 'die Entscheidung des Gerichts beantragen. Dasselbe gilt auch, wenn nach Maßgabe des § 455 StPO. Einwendungen gegen die Ablehnung eines Antrages auf Aufschub der Strafvollstreckung erhoben werden.

Die Einwendungen nach § 458 StPO. können im Interesse des Verurteilten (z. B. im Falle seiner Erkrankung) auch von Dritten insbesondere von 'Angehörigen desselben geltend gemacht werden.

Die Anrufung des Gerichts wird nicht dadurch ausgeschlossen, daß die angefochtene Vollstreckungsmaßregel nicht von einer Justizbehörde, sondern von einer Verwaltungsbehörde zur Ausführung zu bringen ist. Handelt es sich aber nicht um die Auslegung eines Strafurteils sondern um andere Fragen, (z. B. Beginn, Dauer und Art der Polizeiaufsicht), so hat die zuständige Verwaltungsbehörde zu entscheiden; cf. Löwe, Anm. 4 zu § 458 StPO. und die dort aufgeführte Literatur.

Die bei der Strafvollstreckung notwendig werdenden gerichtlichen Entscheidungen werden von dem Gericht erster

Instanz ohne mündliche Verhandlung erlassen und zwar ist das Gericht erster Instanz auch zuständig, wenn es sich um die Auslegung eines in höherer Instanz erlassenen Urteils handelt (cf. Beschluß des OLG. München vom 8. November 1890 in dessen Entscheidungssammlung Bd. 6 S. 351).

Das Gericht, welches vor der VO. über Gerichtsverfassung und Strafrechtspflege vom 4. Januar 1924 — RGBl. 1924 Teil I S. 15 — zuständig war, ist auch nach dem 1. April 1924 zur Beschlußfassung nach § 462 StPO. zuständig (cf. den bereits genannten Beschluß des Obersten Landesgerichts vom 26. November 1928 Beschw.-Reg. I 319/28 — s. S. 27 —).

Als Gericht erster Instanz gilt bei Gesamtstrafen das Gericht, das den Gesamtstrafenbeschluß erlassen hat. Hat ein Gericht für die von ihr gebildete Gesamtstrafe den Strafbeginn rechtskräftig festgesetzt, so ist das für ein anderes Gericht, das eine neue Gesamtstrafe gebildet und hiebei die Einzelstrafen zur ersten Gesamtstrafe einbezogen hat, kein Grund, einen Antrag auf Strafzeitberechnung deshalb abzulehnen, weil der Beginn der Strafzeit schon rechtskräftig festgesetzt sei (cf. BayObLG. Bd. 17 S. 84 ff.).

Für die gerichtlichen Entscheidungen, welche bei der Vollstreckung eines vom Staatsgerichtshof zum Schutze der Republik erlassenen Urteils notwendig werden, ist nach Art. I letzter Absatz des Gesetzes zur Abänderung des Gesetzes zum Schutze der Republik vom 31. März 1926 (RGBl. 1926 Teil I S. 190) das Reichsgericht zuständig.

Das Gericht kann vor Erlassung seiner Entscheidung auch Beweiserhebungen durch einen beauftragten oder ersuchten Richter vornehmen; selbst eidliche Vernehmungen sind nicht ausgeschlossen. Solche Beweiserhebungen können z. B. erforderlich sein, wenn es sich um die Feststellung der Identität des Verurteilten handelt.

Gemäß § 462 Abs. II StPO. ist der Staatsanwaltschaft und dem Verurteilten Gelegenheit zu geben, Anträge zu stellen und zu begründen. Die Staatsanwaltschaft stellt ihre Anträge schriftlich, der Verurteilte wird unter Bestimmung einer angemessenen Frist zur Abgabe einer Erklärung aufgefordert, die schriftlich oder zu Protokoll des Gerichtsurkundsbeamten abgegeben werden kann; der nicht auf freiem Fuß befindliche Verurteilte ist durch den Urkundsbeamten des Gerichts zu vernehmen (cf. Löwe Anm. 5 zu § 462 StPO.).

Gegen die Entscheidung des Gerichts steht sowohl dem Verurteilten wie auch der Staatsanwaltschaft die sofortige Beschwerde zu, soweit die Entscheidungen nicht von dem Obersten Landesgericht oder Reichsgericht erlassen sind (§ 462 Abs. 4 StPO.).

Die Möglichkeit, auf Entscheidung des Gerichts nach § 462 StPO. anzutragen, schließt eine Beschwerde an die der Vollstreckungsbehörde vorgesetzte Aufsichtsinstanz nicht aus. Durch die Beschreitung dieses Beschwerdeweges wird auch die Anrufung des Gerichts nicht ausgeschlossen, vielmehr bleibt der Beschwerdeführer nach Erschöpfung des Instanzenzuges der Beschwerde immer noch befugt, die Entscheidung des Gerichts herbeizuführen, woraus sich die Möglichkeit ergibt, daß das Gericht eine Entscheidung erläßt, durch welche ein Bescheid der obersten Justizverwaltungsbehörden tatsächlich außer Wirksamkeit gesetzt wird.

Dritter Abschnitt.

Die Organe der Strafvollstreckung.

Als Organe der Strafvollstreckung kommen in Betracht:

1. die Strafvollstreckungsbehörden im engeren Sinne, das sind diejenigen Behörden, denen die Anordnung und Ausführung der Strafvollstreckung obliegt;
2. die Behörden, die bei der Strafvollstreckung mitwirken, das sind die Gerichte und Aufsichtsbehörden, die vom Gesetze zur Mitwirkung bei dem Betriebe der Strafvollstreckung berufen sind — Organe der Strafvollstreckung im weiteren Sinne —.

I. Die Strafvollstreckungsbehörden im engeren Sinne.

§ 451 StPO. überträgt die Strafvollstreckung der Staatsanwaltschaft, gibt aber den einzelnen Landesjustizverwaltungen die Möglichkeit, die Strafvollstreckung für die zur Zuständigkeit der Amtsgerichte gehörigen Sachen den Amtsrichtern zu übertragen.

Auf Grund dieser Ermächtigung haben fast alle Landesjustizverwaltungen die amtsgerichtliche Strafvollstreckung dem Amtsrichter übertragen.

In Bayern erfolgt die Strafvollstreckung in den amts- und schöffengerichtlichen Sachen

a) wenn sie bei dem am Sitze des Landgerichts befindlichen Amtsgericht oder Schöffengericht anhängig sind oder anhängig waren, durch den Staatsanwalt bei dem Landgerichte;

b) sonst durch den Amtsrichter (§ 77 der VfStrG.).

In den Strafsachen, die vom Obersten Landesgericht in erster und letzter Instanz abgeurteilt werden, hat der Generalstaatsanwalt alle Befugnisse und Obliegenheiten der Staatsanwaltschaft einschließlich der des Oberstaatsanwalts und der Strafvollstreckungsbehörde. Gegen seine Entscheidungen kann nicht Beschwerde eingelegt, sondern nur die Entscheidung des Staatsministeriums der Justiz angerufen werden. Die für die Strafvollstreckung durch die Staatsanwaltschaft erlassenen Vorschriften gelten entsprechend auch für die Generalstaatsanwaltschaft (§§ 1 ff. und 116 DVfStA.).

Bei Strafsachen, die das Reichsgericht in erster und letzter Instanz entscheidet, obliegt die Strafvollstreckung dem Oberreichsanwalt (§ 451 StPO., § 142 Ziff. 1 GVG.).

Der Oberreichsanwalt bedarf bei der Strafvollstreckung der Mitwirkung der Staatsanwaltschaften der deutschen Bundesstaaten. Diese sind verpflichtet, der Weisung des Oberreichsanwalts Folge zu leisten (§ 146 Abs. 2 GVG.).

Die örtliche Zuständigkeit der Beamten der Staatsanwaltschaft wird durch die örtliche Zuständigkeit des Gerichts bestimmt, für welche sie bestellt sind; §§ 143, 141 GVG. Diese örtliche Zuständigkeit der Strafvollstreckungsbehörde verbleibt auch, wenn eine Strafsache durch Urteil der Revisionsinstanz von dem mit ihr ursprünglich befaßten Gerichte an ein anderes verwiesen wurde; cf. Löwe Anm. 3 zu § 451 und Anm. 7 b zu § 354 StPO., ferner A. Dalcke, Strafrecht und Strafprozeß, Anm. 7 b zu § 451 StPO. Dagegen gehen selbstverständlich die anderen staatsanwaltschaftlichen Verrichtungen, wenn eine Strafsache von einem Gericht auf ein anderes übergeht, auf die Staatsanwaltschaft dieses Gerichts über (cf. Löwe Anm. 2 zu § 143 GVG.).

Zu Art. VI § 1 III des Reichsgesetzes zur Entlastung der Gerichte vom 11. März 1921 (RGBl. 1921 S. 233) wird die Landesgesetzgebung ermächtigt, die Strafvollstreckung mit Ausnahme der Entscheidungen über Aufschub und Unterbrechung der Strafvollstreckung sowie der richterlichen Entscheidungen gemäß § 458 ff. StPO. Urkundsbeamten, Amtsanwälten oder bei der Staatsanwaltschaft hiefür zu bestellenden Beamten zu übertragen.

Von dieser Ermächtigung hat die bayer. Landesjustizverwaltung reichlich Gebrauch gemacht. Sie hat in § 1 Ziff. II der Bekanntmachung vom 6. April 1921 die Geschäftsvereinfachung bei den Justizbehörden betr. (JMBl. 1921 S. 37 ff.) und in § 15 DVfStA. den Vorständen der Staatsanwaltschaften die Möglichkeit gegeben, geeigneten und zuverlässigen Beamten der staatsanwaltschaftlichen Geschäftsstellen verschiedene Geschäfte in eigener Verantwortung zu überlassen.

Mit besonderer Ermächtigung des Oberstaatsanwalts können die Ersten Staatsanwälte auch die Geschäfte der Strafvollstreckung einschließlich der Geschäfte des Begnadigungswesens, soweit deren Erledigung keine sachliche Stellungnahme bedeutet, geeigneten und verlässigen Urkundsbeamten der Staatsanwaltschaft zur Erledigung in eigener Verantwortung übertragen. Ausgenommen von der Übertragbarkeit sind die Maßnahmen nach § 457 StPO., die Mitwirkung der Staatsanwaltschaft bei der Vollstreckung der Todesstrafe, die Entscheidung über Aufschub oder Unterbrechung der Strafvollstreckung und die Behandlung von Gesuchen um Änderung des Straforts, auch soweit sie nicht Begnadigungsgesuche sind (§ 15 Abs. III DVfStA.).

Neben diesen Beamten stehen der Staatsanwaltschaft dann noch Hilfsbeamte zur Seite, die ihren Anordnungen Folge zu leisten haben (§ 157 GVG. Art. 56 AG. GVG. und § 7 DVfStA.).

Aufzählungen solcher Hilfsbeamter unter Angabe der einschlägigen gesetzlichen Bestimmungen finden sich in der Fußnote 1 zu dem obengenannten § 7 der DVfStA. und in Löwe Anm. 3 zu § 152 GVG.

II. Die Organe der Strafvollstreckung im weiteren Sinne.

a) Die Gerichte.

Die gerichtlichen Entscheidungen, die bei der Strafvollstreckung notwendig werden (§§ 458, 461 StPO.), werden von dem Gerichte erster Instanz — 462 StPO. — das ist dem Amtsrichter (§ 30 Abs. 2 GVG.), der Strafkammer in der Besetzung mit drei Richtern und zwar auch dann, wenn das Schwurgericht erkannt hat (§§ 76, 82 GVG.), dem Obersten Landesgerichte oder dem Reichsgerichte in der Zahl von drei Richtern (§§ 122, 137, 139 GVG.) erlassen.

Gegen die Entscheidungen findet, soweit sie nicht von dem Reichsgerichte oder Obersten Landesgerichte erlassen sind, sofortige Beschwerde statt (§ 462 StPO.).

Zur Entscheidung über die sofortige Beschwerde sind zuständig:

die Strafkammer,

wenn eine Entscheidung des Amtsrichters angefochten wird (§ 73 GVG.) und

das Oberste Landesgericht,

wenn das Rechtsmittel gegen eine Entscheidung der Strafkammer oder der richterlichen Mitglieder des Schwurgerichts eingereicht wird (§ 121 Ziff. 2 GVG., Art. 41 AG. GVG. u. Art. 167 Ziff. 12 AG. BGB.).

b) Die Aufsichtsbehörden.

Beschwerden gegen Verfügungen der Strafvollstreckungsbehörden, die nicht Rechtsbeschwerden sind, sind der vorgesetzten Behörde als der Aufsichtsbehörde zur Entscheidung vorzulegen.

Aufsichtsbehörden sind:

für den Oberreichsanwalt:
der Reichsminister der Justiz (§ 147 GVG.)

für den General- und Oberstaatsanwalt:
das Staatsministerium der Justiz (§§ 1 u. 3 DVfStA.)

für den Staatsanwalt:
der Oberstaatsanwalt (§ 3 Abs. 3 DVfStA.).

Hier ist noch zu der bestrittenen Frage Stellung zu nehmen, wer Dienstaufsichtsbehörde über den Amtsrichter ist, wenn dieser als Strafvollstreckungsbehörde handelt.

Die Frage ob die Staatsanwaltschaft zur Aufsichts- und Beschwerdeinstanz für den als Strafvollstreckungsorgan handelnden Amtsrichter bestellt werden kann, ist in der Reichstagskommission offen geblieben (Prot. zum GVG. S. 665). Löwe (cf. seine Anmerkung 5 zu § 451 StPO.) und andere verneinen sie unter Hinweis auf § 151 GVG., der anordnet, daß den Staatsanwälten eine Dienstaufsicht über die Richter nicht übertragen werden darf.

Die Ansicht Löwes usw. dürfte über das Ziel schießen. Der Amtsrichter ist in Bayern von der Justizverwaltung als Strafvollstreckungsorgan bestimmt worden. In dieser seiner Funktion übt er staatsanwaltschaftliche Geschäfte aus, hat dieselben Befugnisse und Exekutivmittel wie der Staatsanwalt und kann sich auch der Hilfsbeamten der Staatsanwaltschaft bedienen (cf. RGSt. Bd. 21 S. 428). Er ist in diesem seinem Tätigkeitskreise nicht Organ der richterlichen Gewalt, sondern der Justizverwaltung. Es kann deshalb auf ihn der lediglich auf den Richter abgestellte § 151 GVG. eine Anwendung nicht finden. Gleich dem Staatsanwalte muß er vielmehr Bescheiden, Dienstvorschriften und Weisungen seiner ihm als Strafvollstreckungsorgan vorgesetzten Behörde Folge leisten. Diese ist für Strafvollstreckungssachen seine Dienstaufsichts- und Beschwerdeinstanz (cf. besonders § 68 Abs. 2 der BegnVorschr.). Dabei bleibt der Amtsrichter selbstverständlich der allgemeinen Dienstaufsicht der ihm als Richter vorgesetzten Behörde (§ 22 GVG., Art. 69 und 70 AG.GVG., § 97 VfStrG.) unterworfen, die allein und zwar auch in Strafvollstreckungssachen in der Lage ist, disziplinär in der Richtung gegen ihn vorzugehen.

Zum Kapitel Dienstaufsicht sei hier auch noch der § 97 der VfStrG. angeführt, der vorschreibt:

„Der Vorstand der Strafvollstreckungsbehörde überwacht die Geschäfte der Strafvollstreckung und sorgt für ihre tunlichst rasche Erledigung.

Der Präsident des Landgerichts und, soweit die Strafvollstreckung der Staatsanwaltschaft obliegt, der Oberstaatsanwalt lassen sich in angemessenen Zwischenräumen, mindestens aber einmal im Jahr, über die Strafsachen berichten, in denen sich die Einleitung der Strafvollstreckung länger als sechs Monate verzögert hat und weder Strafaufschub noch Bewährungsfrist bewilligt worden ist. Der Präsident des Landgerichts erläßt die etwa erforderlichen Weisungen stets im Benehmen mit dem Ersten Staatsanwalt.“

Vierter Abschnitt.

Die Rechtshilfe auf dem Gebiete der Strafvollstreckung.

I. Die Rechtshilfe im Inlande.

A. Rechtshilfe der Strafvollstreckungsbehörden verschiedener Länder untereinander.

§ 160 GVG. bestimmt:

„Die Herbeiführung der zum Zwecke von Vollstreckungen erforderlichen Handlungen erfolgt nach Vorschrift der Prozeßordnungen ohne Rücksicht darauf, ob die Handlungen in dem Lande, welchem das Prozeßgericht angehört, oder in einem anderen deutschen Lande vorzunehmen sind."

Dieser Grundsatz der örtlichen Unbeschränktheit der Vollstreckungsgewalt kann aber in vollem Umfange nur für die Vollstreckung von Geldstrafen Anwendung finden. Diese erfolgt ohne Rechtshilfe durch direkte Aufträge und Anträge, wovon später in Teil II C noch ausführlich die Rede sein wird.

Bezüglich der Vollstreckung von Freiheitsstrafen steht dem im § 160 GVG. aufgestelltem Grundsatz der örtlichen Unbeschränktheit der Strafvollstreckung der Umstand entgegen, daß die Vollstreckung einer Freiheitsstrafe für das einzelne deutsche Land eine Last bedeutet, deren Übernahme ihm dann nicht zugemutet werden kann, wenn es um die Vollstreckung von Strafen sich handelt, die von Gerichten eines anderen Landes erkannt worden sind. Auf der anderen Seite hat aber jedes Land ein Interesse daran, daß die von seinen Gerichten erkannten Freiheitsstrafen auch dann vollstreckt werden, wenn der Verurteilte in einem anderen Lande sich aufhält und daß bei der Vollstreckung von Gesamtfreiheitsstrafen, an deren Festsetzung auch die Gerichte eines anderen Landes beteiligt sind, die Kosten der Strafvollstreckung nach Verhältnis verteilt werden. Bei geringeren Freiheitsstrafen hat schließlich auch der Verurteilte das Interesse, die Strafe in dem Lande zu verbüßen, in dessen Gebiet er sich befindet. All diese Interessen finden ihre Ausgleichung in den Vorschriften, die über die Rechtshilfe auf dem Gebiete der Strafvollstreckung in Geltung sind, und die im nachstehendem aufgeführt und besprochen werden sollen.

§ 162 GVG. ordnet die Vollstreckung einer Freiheitsstrafe, welche die Dauer von sechs Wochen nicht übersteigt, in dem Lande an, in welchem der Verurteilte sich befindet. Auf die Staatsangehörigkeit, den Wohnsitz, den gewöhnlichen Aufenthaltsort oder darauf, ob der Bestrafte sich auf freiem Fuß oder in Haft befindet, kommt es nicht an. In konsequenter Anwendung dieser Vorschrift obliegt auch im Falle eines Steckbriefes (§ 457 Abs. II StPO.) jedem Land, in dessen Gebiet der Verurteilte betroffen wird, die Pflicht zur Rechtshilfe, das ist zur Vollstreckung bezw. Ablieferung (cf. Löwe Anm. 5 zu § 462 StPO.).

In Ausdehnung dieser gesetzlichen Bestimmung haben die deutschen Landesregierungen die Vereinbarung getroffen, daß Freiheitsstrafen, die mehr als sechs Wochen betragen aber die Dauer von sechs Monaten nicht übersteigen, und Restfreiheitsstrafen bis zu sechs Monaten einschließlich, auf Ersuchen der nach den Vorschriften des Gerichtsverfassungsgesetzes zuständigen Strafvollstreckungsbehörde in dem Lande zu vollstrecken sind, in dem sich der Verurteilte dauernd oder vorübergehend aufhält, und daß die Kosten dieser Strafvollstreckung nach Maßgabe des § 164 GVG. und der anderen Bestimmungen über die Erstattung von Kosten der Rechtshilfe und sonstigen Beistandsleistungen in gerichtlichen Angelegenheiten von der ersuchenden Behörde der ersuchten Behörde erstattet werden; vergl. Bekantmachung des Staatsministeriums der Justiz über den Abschluß einer Vereinbarung der Länder über die Vollstreckung von Freiheitsstrafen vom 20. Januar 1925 und 21. Juli 1928 (JMBl. 25 S. 23 und BayerStA. vom 23. Juli 1928 Nr. 168).

Bezüglich der Berechnung der sechsmonatigen Strafe ist Folgendes zu sagen:

a) Ist jemand in demselben Urteile zu Freiheitsstrafen verschiedener Art z. B. 6 Monaten Gefängnis und 6 Wochen Haft verurteilt, so ist jede dieser Strafen selbständig zu vollstrecken, ohne daß die Gesamtdauer in Betracht kommt; die beiden Strafen muß also das Land vollstrecken, in dem der Verurteilte sich befindet.

b) Ist jemand in verschiedenen Urteilen zu Strafen verurteilt, deren jede die Dauer von sechs Monaten nicht übersteigt, so ist jede dieser Strafen selbständig Gegenstand der Vollstreckung. Die Strafen sind, selbst wenn sie nacheinander zu vollstrecken sind und zusammen mehr als sechs Monate ausmachen, in dem Lande des Aufenthaltortes des Verurteilten zu vollstrecken (cf. Löwe Anm. 7 zu § 162 GVG.).

c) Ist bezüglich einer Strafe Unterbrechung bewilligt worden, so hat infolge der Unterbrechung die Vollstreckung derselben nicht aufgehört, sie wird vielmehr nach Ablauf der Unterbrechungsfrist wieder fortgesetzt. Es ist hier nicht ein Strafrest zu vollziehen, sondern die begonnene und unterbrochene Strafe fortzusetzen. Es darf daher der Vollzug des Strafrestes unter sechs Monaten nicht dem Lande übertragen werden, in dem der Bestrafte sich gerade aufhält, vielmehr muß dieser seine Reststrafe in derselben Anstalt weiterverbüßen, in der er seine Strafe begonnen und zum Teil schon verbüßt hat.

Anders ist es, wenn nach bewilligtem bedingten Straferlaß der Vollzug der noch nicht verbüßten Reststrafe angeordnet wird; hier ist der Strafvollzug nicht unterbrochen; er ist ausgesetzt und sein Vollzug wird neu angeordnet. Hier handelt es sich deshalb um die Vollstreckung eines wirklichen Strafrestes, und auf die Vollstreckung dieses Strafrestes trifft deshalb auch die Ländervereinbarung zu.

Der zu einer Freiheitsstrafe von sechs Monaten oder weniger Verurteilte ist auf Grund des § 162 StPO. für berechtigt zu erachten, der Ablieferung an ein anderes Land zu widersprechen; nicht aber ist dem zu einer längeren Strafe Verurteilten ein Recht auf die Ablieferung und ein Widerspruchsrecht gegen die Vollstreckung im Lande seines Aufenthaltes gegeben, wenn einzelne Länder die Rechtshilfe in einer von obigem abweichenden Weise oder für den einzelnen Fall besonders geregelt haben (cf. Löwe Anm. 4 zu § 162 GVG.).

Eine besondere Regelung ist über den Vollzug von Freiheitsstrafen mit der Regierungskommission des Saargebiets getroffen. Sie ist wiedergegeben in der Bekanntmachung des Staatsministeriums der Justiz über den Rechtshilfeverkehr mit dem Saargebiet vom 23. Juni 1925 Nr. 24940 (JMBl. S. 51) und lautet:

„Nach einer mit der Regierungskommission des Saargebiets getroffenen Vereinbarung werden Freiheitsstrafen, die von Gerichten des Saargebiets gegen Nichtsaargebietsbewohner oder von bayerischen Gerichten gegen Saargebietsbewohner ausgesprochen wurden, ohne Rücksicht auf ihre Höhe von den Behörden des Aufenthaltsortes des Verurteilten im Wege der Rechtshilfe vollstreckt. Voraussetzung ist, daß es sich um Verurteilungen wegen Straftaten handelt, die nach dem Rechte beider Gebiete mit Strafen bedroht sind und nicht militärischen, politischen oder wirtschaftspolitischen Charakter haben, und daß die ersuchende Behörde die durch die Strafvollstreckung entstehenden Kosten der ersuchten Behörde erstattet.

Die Anordnungen in der autographierten JME. vom 19. Oktober 1921 Nr. 53255 über den Rechtshilfeverkehr mit dem Saargebiet bleiben unberührt. Hiernach haben die bayerischen Strafvollstreckungsbehörden Ersuchen, die sie an saarländische Justizbehörden richten wollen, dem Oberstaatsanwalt bei dem Oberlandesgerichte Zweibrücken zur Weiterleitung an die Regierungskommission des Saargebiets zu übersenden. In gleicher Weise ist mit erledigten Ersuchen saarländischer Strafvollstreckungsbehörden zu verfahren. Ersuchen saarländischer Strafvollstreckungsbehörden, die ihnen nicht ohnehin schon durch den Oberstaatsanwalt bei dem Oberlandesgerichte Zweibrücken zugehen, haben die ersuchten bayerischen Justizbehörden vor der Erledigung dem Oberstaatsanwalt bei dem Oberlandesgerichte Zweibrücken zur Prüfung zuzuleiten. Er wird in grundsätzlichen Fragen die Entschließung des Staatsministeriums der Justiz einholen."

In Ergänzung der oben aufgeführten Bestimmungen hat am 23. November 1928 das Staatsministerium der Justiz unter Nr. 49790 nachfolgende autographierte Entschließung erlassen, die der Vollständigkeit halber erwähnt werden soll:

„Die Vermittlung des Oberstaatsanwalts bei dem Oberlandesgerichte Zweibrücken ist auch dann in Anspruch zu nehmen, wenn eine bayerische Justizbehörde mit einer Verwaltungsbehörde des Saargebiets verkehren will."

Bezüglich der Frage, wo eine aus einzelnen Strafen verschiedener Länder gebildete Gesamtstrafe zu vollstrecken ist, hat der Bundesrat (cf. JMBl. 1885 S. 159 ff.) und zwar unter ausdrücklicher Zulassung anderweitiger Vereinbarung der einzelnen Länder, insbesondere auch im Einzelfalle, folgende

Grundsätze

aufgestellt:

1. Die Vollstreckung der Gesamtstrafe ist von demjenigen Lande zu bewirken, dessen Gericht dieselbe, sei es in der regelmäßigen Form, sei es in der Form einer sogenannten Zusatzstrafe, festgesetzt hat.

2. Auf Ersuchen der zuständigen Behörde des in Nr. 1 bezeichneten Staates ist die Vollstreckung von demjenigen Lande zu übernehmen, welches nach dem Gesamtbetrage der von seinen Gerichten erkannten oder für verwirkt erachteten Einzelstrafen an der Gesamtstrafe am höchsten beteiligt ist. Bei Berechnung des Gesamtbetrages der Einzelstrafen sind der Art nach verschiedene Strafen nach ihrem gesetzlichen Geltungsverhältnis (§ 21 StGB.) in Anschlag zu bringen.

3. Sind mehrere Länder mit einem gleichen Höchstbetrage an der Gesamtstrafe beteiligt, so ist, falls eines derselben bereits eine in die Gesamtstrafe einbezogene, ihr gleichartige Einzelstrafe vollstreckt, die Gesamtstrafe von diesem zu vollstrecken. Anderenfalls werden die bezeichneten Länder sich darüber vereinigen, welches von ihnen die Vollstreckung zu übernehmen hat.

4. In den Fällen der Nr. 3 werden die Kosten der Strafvollstreckung, als welche indes nur bare Auslagen in Rechnung gestellt werden sollen, von den mehreren höchstbeteiligten Ländern zu gleichen Teilen getragen.

Im übrigen findet eine Erstattung von Kosten nicht statt.

5. Unberührt bleibt die Vorschrift in § 163 (jetzt § 162) GVG. Der auf Grund dieser Vorschrift eine Gesamtstrafe vollstreckende Staat wird die nach § 165 (jetzt § 164) GVG. zu erstattenden Auslagen von demjenigen Staate ersetzt erhalten, der nach obigen Grundsätzen die Vollstreckung zu übernehmen hätte.

6. Vorstehende Grundsätze finden entsprechende Anwendung, wenn die Gesamtstrafe oder eine in dieselbe einbezogene Einzelstrafe vom Reichsgericht in erster Instanz festgesetzt worden ist."

Dieser Beschluß ist, wie die Bek. des Staatsministeriums der Justiz und der Finanzen vom 18. Juli 1885 (JMBl. 1885 S. 159) ausführt, der Erwägung entsprungen, daß die Herbeiführung eines einheitlichen Zustandes wünschenswert ist und daß es weder dem Geiste noch der Absicht der §§ 74, 79 StGB., noch den Bedingungen eines gerechten und zweckmäßigen Strafvollzugs entspricht, wenn eine wegen mehrerer strafbarer Handlungen verhängte Gesamtstrafe in den Strafanstalten verschiedener Ländern geteilt vollstreckt wird.

Der Bundesratsbeschluß beseitigt keineswegs die Möglichkeit anderweitiger Vereinbarung der Länder unter sich. Er hat auch tatsächlich durch spätere Vereinbarungen sämtlicher Länder nach verschiedenen Richtungen eine Ergänzung erfahren, von denen hauptsächlich die zu vermerken ist, daß die Behörden, denen der Vollzug einer Gesamtstrafe obliegt, regelmäßig ersucht werden sollen, auch eine subsidiäre Freiheitsstrafe, welche neben der Gesamtstrafe erkannt ist, zu vollstrecken; (cf. Bekanntmachung des Staatsministeriums der Justiz und der Finanzen vom 4. Juli 1900 betr. die Vollstreckung von Gesamtstrafen bei Festsetzung der Einzelstrafen von Gerichten verschiedener Bundesstaaten (JMBl. 1900 S. 1015).

Der Bundesratsbeschluß ändert des Ferneren nichts an der gesetzlichen Zuständigkeit der Behörden für die Vollstreckung ihrer Strafen und die damit zusammenhängenden Entscheidungen. Maßgebend bleiben hiefür die Bestimmungen der Strafprozeßordnung. Zuständig für die nach § 458 StPO. erforderlichen Entscheidungen bleibt also dasjenige Gericht, das die Gesamtstrafe ausgesprochen hat (cf. BayObLG. Bd. 7 S. 137, Bd. 10 S. 234, Bd. 12 S. 84).

Nicht betroffen wird von dem Bundesratsbeschluß auch die Ausübung des Begnadigungsrechts bezüglich einer aus den Strafen einzelner Länder gebildeten Gesamtstrafe. Für die Ausübung des Begnadigungsrechts in solchen Fällen ist maßgebend die Vereinbarung des Reichs und der Länder über die vorläufige Entlassung und die Ausübung des Begnadigungsrechts bei Gesamtstrafen, die in der Bekanntmachung Nr. 54714 des Staatsministeriums der Justiz vom 15. Dezember 1923, die vorläufige Entlassung und die Ausübung des Begnadigungsrechts bei Beteiligung mehrerer Länder betr., wiedergegeben ist (JMBl. 1923 S. 102).

Unberührt bleibt, worauf ausdrücklich hingewiesen wird, gemäß Ziffer 5 des Bundesratsbeschlusses die Pflicht zur Rechtshilfe, die durch den Aufenthalt des Verurteilten begründet ist.

Nachstehendes Beispiel mag die vorstehenden Ausführungen klar erläutern:

A ist vom Amtsgericht Berlin — Mitte — am 11. Juni 1928 unter Zusammenfassung der dort erkannten Gefängnisstrafe von 4 Monaten, einer durch Urteil des Amtsgerichts München vom 1. Juni 1928 erkannten Gefängnisstrafe von 3 Monaten, einer durch Urteil des Amtsgerichts Dresden vom 16. Mai 1928 erkannten Gefängnisstrafe von 14 Tagen und einer vom Amtsgericht Passau unterm 1. Mai 1928 erkannten Gefängnisstrafe von 6 Wochen zu einer Gesamtgefängnisstrafe von 6 Monaten verurteilt worden. A ist in Stuttgart wohnhaft.

Berlin ist nach Ziffer 1 des Bundesratsbeschlusses vom 11. Juni 1885, da es die Gesamtstrafe gebildet hat, zunächst zur Bewirkung der Vollstreckung der von ihm ausgesprochenen Gesamtstrafe berufen. Gemäß Ziffer 2 l. c. kann es aber die Vollstreckung an Bayern abgeben, da die von ihm ausgesprochene Gefängnisstrafe von 4 Monaten von den beiden bayer. Strafen mit 3 Monaten und 6 Wochen Gefängnis überholt wird.

Von den bayer. Behörden — Bestimmungen fehlen — dürfte wohl München als Vollstreckungsbehörde in Frage kommen, da dieses nach den prozessualen Vorschriften, wenn die Berliner Strafe nicht dazu gekommen wäre, die Gesamtstrafe zu bilden und zu vollstrecken gehabt hätte. Die Gesamtstrafe von 6 Monaten ist demnach auf Grund der Ländervereinbarung auf Ersuchen der Staatsanwaltschaft München in Stuttgart zu vollstrecken.

Ist nach den angezogenen Bestimmungen und Vereinbarungen der Bundesstaat, in dem der Bestrafte sich aufhält, zur Vollstreckung einer Strafe nicht verpflichtet und hat der Bestrafte auch kein Recht auf Vollstreckung in seinem Aufenthaltsstaate, so hat die zuständige Strafvollstreckungsbehörde den im anderen Bundesstaate sich aufhaltenden Verurteilten direkt zum Strafantritt in die für ihn zuständige Anstalt zu laden. Leistet der zum Strafantritt Vorgeladene der Vorladung keine Folge, so ist gemäß § 163 GVG. die Staatsanwaltschaft bei dem Landgerichte seines Aufenthaltsbezirks um die Ergreifung und Ablieferung des Bestraften zu ersuchen.

Für die Ersuchen um Vollstreckung einer Strafe in einem anderen Bundesstaate oder im Saargebiete sowie um Ergreifung und Ablieferung eines Verurteilten hat das bayer. Staatsministerium der Justiz in § 86 VfStrG. folgendes angeordnet:

„Soll eine Freiheitsstrafe nach §§ 162, 163 GVG., der Vereinbarung der Landesregierungen (JMBl. 1925 S. 23 BayerStA. vom 23. Juli 1928 Nr. 161) oder dem Abkommen mit der Regierungskommission des Saargebiets (Bekanntmachung vom 23. Juni 1925, JMBl. 1925, S. 51) in einem anderen deutschen Land oder im Saargebiet vollstreckt werden, so wird, wenn der Verurteilte sich in Sachsen oder Baden aufhält, das für den Aufenthaltsort zuständige Amtsgericht, sonst die Staatsanwaltschaft, zu deren Bezirk der Aufenthaltsort gehört, um die Vollstreckung ersucht. Ersuchen an saarländische Justizbehörden werden dem Oberstaatsanwalt bei dem Oberlandesgerichte Zweibrücken zur Weiterleitung an die Regierungskommission des Saargebiets übersendet. Dem Ersuchen wird eine mit der Bescheinigung der Vollstreckbarkeit versehene beglaubigte Abschrift der Urteilsformel, des Strafbefehls oder der sonstigen Entscheidung beigefügt.

Ersuchen um Ergreifung und Ablieferung eines Verurteilten, der seine Strafe in Bayern zu verbüßen hat, sich aber in einem anderen deutschen Land aufhält, werden an die Staatsanwaltschaft bei dem Landgerichte gerichtet, in dessen Bezirk sich der Verurteilte aufhält. Das Ersuchen wird nach der Bekanntmachung vom 17. Juli 1901 (JMBl. S. 549) in der Regel dahin gefaßt, daß der Verurteilte an die nächste bayerische Behörde zum Zwecke der Weiterlieferung durch bayerische Sicherheitsorgane abzuliefern ist. Dem Ersuchen wird eine mit der Bescheinigung der Vollstreckbarkeit versehene beglaubigte Abschrift der Urteilsformel oder des Strafbefehls oder der sonstigen Entscheidung beigefügt. Gleichzeitig wird das Erforderliche nach den §§ 82, 83 oder 85 der VfStrG. veranlaßt.

Wegen der Erstattung von Kosten im Strafvollstreckungs- und Ablieferungsverfahren bei Beteiligung anderer deutscher Länder oder des Saargebiets wird auf die Bekanntmachung vom 29. März 1907 (JMBl. S. 85), vom 9. Mai 1912 (JMBl. S. 99), vom 20. Januar 1925 (JMBl. S. 23) und vom 23. Juni 1925 (JMBl. S. 51) verwiesen."

Daß in Fällen einer Ablieferung jedes Land verpflichtet ist, sich die Durchführung des Verurteilten durch sein Gebiet gefallen zu lassen, ist selbstverständlich und deshalb nicht ausdrücklich vorgeschrieben worden (cf. Löwe Anm. 8 zu § 162 GVG.).

B. Rechtshilfe der Strafvollstreckungsbehörden desselben Landes untereinander.

Das GVG. trifft in seinem § 163, der seiner allgemeinen Fassung nach auch für die Fälle gilt, wo die ersuchende und ersuchte Behörde demselben Lande angehören, die Anordnung, daß, wenn eine Freiheitsstrafe in dem Bezirk eines anderen Gerichts vollstreckt oder ein in dem Bezirk eines anderen Gerichts befindlicher Verurteilter zum Zwecke der Strafverbüßung ergriffen und abgeliefert werden soll, die Staatsanwaltschaft bei dem Landgerichte dieses Bezirks um die Ausführung zu ersuchen ist.

Nicht aber hat das GVG. eine Bestimmung darüber getroffen, in welcher Weise und unter welchen Voraussetzungen die auf die Vollstreckung abzielende Rechtshilfe zu leisten ist. Das GVG. hat es den einzelnen Ländern überlassen, hierüber für ihr Gebiet besondere Anordnungen zu treffen. Für Bayern kommt nach dieser Richtung hauptsächlich der § 83 VfStrS. in Betracht, von dem im II. Teil bei der Vollstreckung der Freiheitsstrafen noch eingehend die Rede sein wird.

In diesem Zusammenhange sei übrigens auch noch auf §§ 78 Abs. IV und 84 der VfStrS. hingewiesen, die von der Rechtshilfe bei der Vollstreckung von Vermögens- und Haftstrafen, die nach § 413 StPO., § 122 der Seemanns- und der RAbgO. festgesetzt wurden und in Bayern vollstreckt werden sollen, sprechen und diesbezügliche Anordnungen treffen.

C. Für A und B gemeinschaftlich geltende Sätze.

Die ersuchte Staatsanwaltschaft hat lediglich die Zulässigkeit des gestellten Ersuchens und die formellen Erfordernisse desselben zu prüfen; liegt hierin ein Hinderungsgrund nicht vor, so muß sie dem Ersuchen stattgeben.

Lehnt die ersuchte Staatsanwaltschaft das Ersuchen ab, so ist Beschwerde an den vorgesetzten Oberstaatsanwalt statthaft; ein ablehnender Bescheid des letzteren kann wiederum durch Beschwerde bei der Landesjustizverwaltung angefochten werden (§ 147 Abs. 2 GVG.). Die §§ 157 ff. des GVG. finden auf Ersuchen keine Anwendung, die von einem Amtsgerichte als Vollstreckungsbehörde an ein anderes Amtsgericht zum Zwecke des Strafvollzugs gestellt werden (BayerObLG. Bd. 13 S. 107 und ZſRpfl. 1927 S. 124.).

Gesuche um Aufschub der Strafvollstreckung, welche von dem Verurteilten X. bei der ersuchten Staatsanwaltschaft vorgelegt werden, unterliegen der Entscheidung der ersuchenden Behörde und sind daher an diese abzugeben; doch ist die ersuchte Behörde in geeigneten Fällen berechtigt und verpflichtet, eine vorläufige Anordnung zu treffen.

II. Die Rechtshilfe im Auslande.

Eine Vollstreckung inländischer Strafurteile gegen Verurteilte, die nach ihrer Verurteilung ins Ausland sich begeben haben, findet dort grundsätzlich nicht statt. Die Vollstreckung von Strafen stellt die Ausübung eines Hoheitsrechtes dar, das dem ersuchenden Staate außerhalb seines Staates verwehrt ist, und zu der er deshalb der Hilfe des fremden Staates bedarf. Nur deutsche Konsuln, die mit Konsulargerichtsbarkeit ausgestattet sind, dürfen auf das Ersuchen inländischer Behörden, Geldstrafen und Freiheitsstrafen von nicht mehr als 6 Wochen in den Ländern und Bezirken, in denen ihnen dies auf Grund abgeschlossener Konsulargerichtsbarkeitsverträge gestattet ist, vollstrecken lassen. Zur Vollstreckung längerer Freiheitsstrafen bedarf es einer Anweisung des Reichskanzlers, die von der Strafvollstreckungsbehörde in einem dem Staatsministerium der Justiz vorzulegendem Berichte zu erbitten ist.

Die Konsuln, die mit Gerichtsbarkeit ausgestattet sind, sind aus dem vom Auswärtigen Amte herausgegebenen, in Karl Heymanns Verlag in Berlin jährlich erscheinenden amtlichen Verzeichnisse der deutschen Gesandtschaften, Konsulate und Paßstellen zu entnehmen, aus dem auch die Konsulargerichtsbezirke ersichtlich sind. — cf. §§ 2 und 19 des Gesetzes über die Konsulargerichtsbarkeit vom 7. April 1900 (RGBl. 1900 S. 213) und §§ 15 und 16 der Bekanntmachung der bayer. Staatsministerien des Äußeren und der Justiz über den Rechtsverkehr der bayer. Behörden im Auslande vom 7. August 1928 (JMBl. 1928 S. 122 ff.). —

Im übrigen findet, wie erwähnt, eine unmittelbare Vollstreckung im Auslande nicht statt; die Strafe kann nur im Inlande vollstreckt werden, vorausgesetzt, daß eine Auslieferung zum Zwecke der Strafvollstreckung erfolgt ist.

Die nach dieser Richtung vom Auslande zu gewährende Rechtshilfe findet in vielen Fällen vertraglos statt, sie stützt sich lediglich auf die völkerrechtlichen Grundsätze. In manchen Fällen wird die Rechtshilfe verlangt und ausgeführt auf der Grundlage sogenannter Gegenseitigkeitserklärungen. Zwischen einer Reihe von Ländern bestehen festnormierte Auslieferungsverträge.

Der Auslieferungsverkehr wird im wesentlichen beherrscht von den Grundsätzen der Gegenseitigkeit, der beiderseitigen Strafbarkeit und der Spezialität, das heißt, es muß für jeden Staat bei gleicher rechtlicher und tatsächlicher Lage im einzelnen Falle eine Auslieferungsverpflichtung gegeben, die Straftat muß des Ferneren nach dem Rechte beider Staaten strafbar und auslieferungsfähig sein und schließlich muß die Strafvollstreckung gegen den Ausgelieferten auf den Fall beschränkt werden, für welchen die Auslieferung bewilligt ist. Dieser Schutz entfällt, wenn der Ausgelieferte nach Vollstreckung der Strafe, für die er ausgeliefert war, das Staatsgebiet nicht wieder verläßt, — die Verträge sehen dafür vielfach Fristen vor — oder in anderer unzweideutiger Weise durch sein Verhalten zu der Annahme berechtigt, daß er nicht mehr als Ausgelieferter zu betrachten ist.

Kein Staat liefert seine eigenen Staatsangehörigen einem fremden Staate aus; — vgl. bezüglich Deutschland Art. 112 der RV. und § 9 StGB. — Wegen Übertretungen, Steuerverfehlungen, politischer und militärischer Delikte kann im allgemeinen die Rechtshilfe eines fremden Staates nicht in Anspruch genommen werden.

Bildet die Straftat, derentwegen ausgeliefert werden soll, im Aufenthaltslande des Bestraften selbst den Gegenstand eines Strafverfahrens, so kommt eine Auslieferung in der Regel nicht in Frage. Schwebt gegen den Auszuliefernden in anderer Sache ein Strafverfahren im ersuchten Staate oder ist dort selbst noch eine Strafe zu vollstrecken, so braucht die Auslieferung erst zu erfolgen, wenn der Auszuliefernde der Rechtspflege des ersuchten Staates Genüge geleistet hat, also wenn Strafverfahren und Strafvollstreckung erledigt sind.

Auch der Eintritt der Verjährung der Straftat nach dem Rechte des ersuchten Staates bildet meist ein Hindernis der Auslieferung.

Beantragen mehrere Staaten die Auslieferung desselben Bestraften, so steht es im Ermessen des ersuchten Staates, welchem Auslieferungsbegehren er entsprechen will; dabei wird die Reihenfolge der gestellten Anträge, die größere oder geringere Bedeutung der einzelnen Straftaten, sowie der

Umstand, daß der Bestrafte Angehöriger eines um die Auslieferung ersuchenden Staates ist, eine Rolle spielen.

Für die Durchführung des Auszuliefernden durch Staaten, die zwischen dem ersuchten und dem ersuchenden Staat liegen, gelten die für die Auslieferung maßgebenden Grundsätze entsprechend. Die Durchgangsstaaten machen die Gestattung der Durchlieferung vielfach sogar von den gleichen oder von ähnlichen Voraussetzungen abhängig, wie sie für die Auslieferung bestehen.

Die Auslieferungsverträge sind Normen des öffentlichen Rechtes, die lediglich Rechte und Pflichten zwischen den beteiligten Regierungen begründen. Die Person, welche ausgeliefert werden soll oder ausgeliefert ist, kann auf Beobachtung der materiellen Normen der Auslieferungsverträge nicht verzichten; sie kann sich auch nicht darauf berufen, daß die Auslieferung mit Unrecht erfolgt ist, soferne ihm nicht dieses Recht durch Gesetz oder Vertrag eingeräumt ist. Auch dem Gerichte steht eine Nachprüfung, ob die Auslieferung den Bestimmungen des Auslieferungsvertrages entspricht, nicht zu. Ebensowenig können die Gerichte den Einwand beachten, daß die Förmlichkeiten der Auslieferung durch einfache Abschiebung des Verurteilten über die Grenze, umgangen seien (cf. Löwe S. 1087 Ziff. 36 zu den Vorbemerkungen zum 13. Teil des GVG. und die dort angeführte Literatur und Rechtsprechung).

Die Rechtshilfeverhandlungen mit dem Auslande erfolgen im Hinblick auf ihre politische Bedeutung von Staat zu Staat, das ist auf diplomatischem Wege, sie sind Angelegenheiten der Justizverwaltungszentralbehörden.

Ein großer Teil der Auslieferungsverträge, welche vor dem Weltkriege abgeschlossen wurden, ist durch den Eintritt verschiedener Staaten in den Weltkrieg erloschen oder wurde durch den Friedensvertrag von Versailles aufgehoben. Mit einer Reihe von Staaten wurden neue Abkommen getroffen, andere Verträge wurden abgemindert und den neuen Verhältnissen angepaßt. Eine Zusammenstellung der einzelnen Verträge usw. findet sich in der neu erschienenen Bearbeitung des Ministerialrats im bayer. Staatsministerium der Justiz Dr. Leonhard Meukel: „Der zwischenstaatliche Rechtsverkehr in Zivil- und Strafsachen" erschienen 1929 bei der C. H. Beck'schen Verlagsbuchhandlung in München, auf die hier und insbesondere auch bezüglich meiner Vorausführungen Bezug genommen wird.

Das bei Auslieferungen einzuschlagende Verfahren regelt neu die Bekanntmachung der bayer. Staatsministerien des Äußern, der Justiz und des Innern vom 7. August 1928 betr. das Verfahren der Justizbehörden bei der Erwirkung der Auslieferung strafrechtlich verfolgter oder verurteilter Personen aus dem Auslande (JMBl. 1928 S. 186 ff.), die ebenfalls von Ministerialrat Dr. Meukel in dessen auch 1929 im Beck'schen Verlage erschienenen Werke: „Die bayer. Vorschriften über den zwischenstaatlichen Rechtsverkehr in Zivil- und Strafsachen" herausgegeben und mit kurzen Anmerkungen versehen worden sind.

Zweiter Teil.

Die Vollstreckung der einzelnen Strafen.

A. Die Todesstrafe.

Todesurteile bedürfen zu ihrer Vollstreckung keiner Bestätigung. Die Vollstreckung ist aber erst zulässig, wenn die Entschließung der zur Ausübung des Gnadenrechts berufenen Stelle, in Bayern des Gesamtministeriums — Verordnung vom 10. Oktober 1919 (GVBl. 1919 S. 692) —, ergangen ist, von dem Begnadigungsrecht keinen Gebrauch machen zu wollen.

An schwangeren oder geisteskranken Personen darf ein Todesurteil nicht vollzogen werden (§ 453 StPO.).

Das Reichsrecht schreibt nur vor, daß die Vollstreckung der Todesstrafe durch Enthauptung erfolgt (§ 13 StGB.). In welcher Weise die Enthauptung zu geschehen hat, ob durch Schwert (Fallschwert) oder Beil (Fallbeil) ist nicht reichsrechtlich geregelt; insoweit sind in den einzelnen Bundesstaaten die landesrechtlichen Vorschriften in Geltung geblieben. In Bayern erfolgt sie mittels des Fallschwertes (§ 1 der Vorschriften über das Verfahren bei Vollstreckung der Todesstrafe vom 24. November 1879 (JMBl. 1880 S. 253 ff.).

Die Vollstreckung der Todesstrafe erfolgt in einem umschlossenen Raume und nur beschränkt öffentlich (Intramuranhinrichtung).

Bei der Vollstreckung müssen zwei Mitglieder des Gerichts erster Instanz, ein Beamter der Staatsanwaltschaft, ein Urkundsbeamter des Gerichts und ein Gefängnisbeamter zugegen sein. Empfehlenswert ist es, drei Gerichtsmitglieder einschließlich des Vorsitzenden des erkennenden Gerichts beizuziehen, damit über etwaige Anträge des Delinquenten sofort entschieden werden kann. Der Gemeindevorstand des Ortes, wo die Hinrichtung stattfindet, ist aufzufordern, zwölf Personen aus den Vertretern oder aus anderen achtbaren Mitgliedern der Gemeinde abzuordnen, um der Hinrichtung beizuwohnen.

Außerdem ist einem Geistlichen von dem Religionsbekenntnisse des Verurteilten und dem Verteidiger und nach dem Ermessen des die Vollstreckung leitenden Beamten auch anderen Personen der Zutritt zu gestatten.

Über den Hergang ist ein Protokoll aufzunehmen, welches von dem Beamten der Staatsanwaltschaft und dem Urkundsbeamten des Gerichts zu unterzeichnen ist.

Der Leichnam des Hingerichteten ist seinen Angehörigen auf ihr Verlangen zur einfachen, ohne Feierlichkeiten vorzunehmenden Beerdigung zu verabfolgen (§ 454 StPO.).

Die reichsrechtlichen Vorschriften über das Verfahren bei der Vollstreckung der Todesstrafe sind nicht erschöpfend. Es ist der Landesgesetzgebung überlassen worden, die näheren Formalitäten der Vollstreckung zu regeln. Für Bayern trifft hauptsächlich die schon obenaufgeführte Verordnung vom 24. November 1879 diese Regelung; cf. übrigens auch § 116 Abs. 3 DVfStA. und die dort aufgeführten autographierten Justizministerial-Bekanntmachungen, welche die Berichterstattung über die Vollstreckung von Todesstrafen und die Zulassung von Zuschauern bei Hinrichtungen betreffen.

B. Die Freiheitsstrafen.

I. Begriff und Arten der Freiheitsstrafen.

Die Freiheitsstrafe besteht in der Entziehung der persönlichen Freiheit. Sie tritt nach außen hauptsächlich in der Beschränkung des Verurteilten auf eine bestimmte Räumlichkeit in Erscheinung. Sie läßt verschiedene Abstufungen in der Schwere der Freiheitsentziehung zu. Die näheren Bestimmungen, welche die wesentlichen Unterschiede der einzelnen Arten der Freiheitsstrafe von einander festsetzen, sind materiell rechtlicher Natur und im Reichsstrafgesetzbuch enthalten.

Das deutsche Strafgesetzbuch kennt folgende Arten von Freiheitsstrafen:

Die Zuchthaus-, Gefängnis-, Festungshaft- und Haftstrafe.

a) Die Zuchthausstrafe.

Sie ist die schwerste Art der Freiheitsstrafe. Die Büßer sind in der Anstalt ohne Rücksicht auf ihre soziale Stellung oder ihrem Beruf zu den dort eingeführten Arbeiten anzuhalten. Die Arbeit ist eine Zwangsarbeit, die als solche selbst als Strafmittel dienen und die Freiheitsstrafe verschärfen soll. Die Sträflinge können auch zu Arbeiten außerhalb der Anstalt, insbesondere zu öffentlichen oder von einer Staatsbehörde beaufsichtigten Arbeiten verwendet werden, doch müssen sie dabei von anderen Arbeitern getrennt gehalten werden.

Die Zuchthausstrafe ist eine lebenslängliche oder zeitige. Der Höchstbetrag der zeitigen Zuchthausstrafe ist, und zwar auch hinsichtlich einer Gesamtstrafe, 15 Jahre, ihr Mindestbetrag ein Jahr (§§ 14, 15, 74 StGB.).

b) Die Gefängnisstrafe.

Die Gefängnisstrafe kommt von den übrigen Strafarten ihrem Charakter nach der Zuchthausstrafe am nächsten. Auch im Gefängnis besteht Arbeitszwang. Der Bestrafte ist verpflichtet, die ihm von der Anstaltsverwaltung übertragenen Arbeiten auszuführen und nicht berechtigt, die Art der Arbeit zu wählen. Diese Beschäftigung muß aber in einer den Fähigkeiten und Verhältnissen der Gefangenen angemessenen Weise erfolgen. Auf ihr Verlangen sind die Gefangenen in dieser Weise zu beschäftigen. Eine Beschäftigung außerhalb der Anstalt ist nur mit Zustimmung der Büßer zulässig.

Der Höchstbetrag der Gefängnisstrafe ist 5 Jahre, bei einer Gesamtstrafe zehn Jahre; der Mindestbetrag ein Tag (§§ 16, 74 StGB.).

c) Die Festungshaft.

Festungshaft hat den Charakter einer custodia honesta. Sie besteht in Freiheitsentziehung mit Beaufsichtigung der Beschäftigung und Lebensweise der Gefangenen; sie wird in Festungs- oder in anderen dazu bestimmten Räumen vollzogen. Arbeitszwang ist unzulässig.

Die Festungshaft ist eine lebenslängliche oder eine zeitige. Der Höchstbetrag der zeitigen Festungshaft ist und zwar auch hinsichtlich einer Gesamtstrafe 15 Jahre; ihr Mindestbetrag ein Tag (§§ 17, 74 StGB.).

d) Die Haft.

Die Haft ist die mildeste Freiheitsstrafe, die das Strafgesetzbuch kennt; sie besteht in einfacher Freiheitsentziehung. Ein Arbeitszwang besteht auch hier nicht (§ 18 StGB.). Dagegen können die nach Vorschrift des § 361 Nr. 3—8 StGB. Verurteilten zu Arbeiten, welche ihren Fähigkeiten und Verhältnissen angemessen sind, innerhalb und, soferne sie von anderen freien Arbeitern getrennt gehalten werden, auch außerhalb der Strafanstalt angehalten werden.

Der Höchstbetrag der Haft ist 6 Wochen, ihr Mindestbetrag ein Tag (§ 18 StGB.).

Bei Übertretungen gibt es keine Gesamtstrafe. Sind in einer Entscheidung mehrere Haftstrafen ausgesprochen, so ist auf die mehrfach verwirkte Haft ihrem Gesamtbetrage nach zu erkennen, jedoch nicht über die Dauer von 3 Monaten hinaus; auch die Gesamtdauer mehrerer zusammentreffender Ersatzhaftstrafen darf die Dauer von drei Monaten nicht übersteigen; schließlich darf auch die Summe mehrerer in verschiedenen Entscheidungen erkannter Haftstrafen drei Monate nicht übersteigen, wenn für sie die Voraussetzungen der Bildung einer Gesamtstrafe gegeben sind, das heißt, wenn, bevor eine erkannte Strafe verbüßt, verjährt oder erlassen ist, die Verurteilung wegen einer strafbaren Handlung erfolgte, welche vor der früheren Verurteilung begangen war (§§ 74, 77, 79 StGB.).

Wird also z. B. in getrennten Entscheidungen jemand wegen verschiedener Übertretungen zu 6 Wochen und 5 Wochen Haft und 150 RM eventuell weitere 3 Wochen Haft verurteilt, so darf, wenn für diese Strafen die Bedingungen für die Bildung einer Gesamtstrafe vorliegen, über 3 Monate Haft nicht vollstreckt werden.

II. Der Betrieb der Strafvollstreckung.

Ergibt die Prüfung der materiellen und formellen Voraussetzungen für die Strafvollstreckung, daß das Urteil vollstreckbar ist, liegen weiterhin keine die Strafvollstreckung ausschließende Gründe vor und sind eventuelle Hemmungen derselben beseitigt, so verfügt die Strafvollstreckungsbehörde die Vollstreckung der Strafe und führt den Bestraften der Verbüßung seiner Strafe zu.

a) Die Bestimmung des Strafortes.

Die erste Handlung, welche die Strafvollstreckungsbehörde nach Einleitung der Strafvollstreckung vorzunehmen hat, ist die Bestimmung des Strafortes für den Bestraften. Die Strafvollstreckungsbehörde stellt fest, in welchem sachlich und örtlich zuständigem Gefängnisse der Verurteilte seine Strafe zu verbüßen hat. Maßgebend für die Bestimmung des Straforts sind die Artikel 23 u. ff. AG. StPO., die Bekanntmachungen des Staatsministeriums der Justiz vom 21. März 1924 (JMBl. 1924 S. 8), vom 27. April 1927 (JMBl. 1927 S. 19 ff.) und vom 23. Oktober 1928 (BayerStA. 248/28) über den Einweisungsplan für die bayerischen Strafanstalten und Gerichtsgefängnisse.

α. Die sachliche Zuständigkeit der Anstalten.

Diese Vorschriften treffen bezüglich der sachlichen Zuständigkeit der Gefängnisse folgende Bestimmungen:

Es werden vollstreckt:

die Zuchthausstrafen:
in den Zuchthäusern,

die Gefängnisstrafen:
bei einer Dauer von mehr als drei Monaten in den Gefangenenanstalten,
bei einer Dauer von mehr als acht Tagen und bis zu drei Monaten in den Landgerichtsgefängnissen,
bei einer Dauer bis zu acht Tagen einschließlich in den Amtsgerichtsgefängnissen,

die Festungshaftstrafen:
in den Festungshaftanstalten,

die Haftstrafen:
in den Amtsgerichtsgefängnissen.

Als Gefangenenanstalten gelten auch die Abteilungen für Gefängnissträflinge, als Festungshaftanstalten auch die Abteilungen für Festungshaftgefangene, als Landgerichtsgefängnisse auch die vom Staatsministerium der Justiz zu landgerichtlichen Aushilfsgefängnissen bestimmten Amtsgerichtsgefängnisse.

Der Oberstaatsanwalt kann auch einem Amtsgerichtsgefängnisse vorübergehend die Eigenschaft eines landgerichtlichen Aushilfsgefängnisses mit der vollen oder beschränkten sachlichen Aufnahmezuständigkeit eines Landgerichtsgefängnisses beilegen. Er kann auch die sachliche Aufnahmezuständigkeit eines Amtsgerichtsgefängnisses einschränken. Er berichtet über solche Anordnungen dem Staatsministerium der Justiz (§§ 1—3 der Bekm. vom 21. März 1924 in der Fassung der Bekm. vom 27. April 1927).

Sind gegen einen Verurteilten mehrere Gefängnisstrafen zu vollstrecken, die auf eine Gesamtstrafe nicht zurückgeführt werden können, so bestimmt sich die sachliche Aufnahmezuständigkeit nach der Gesamtdauer der Strafen (§ 4 derselben Bekm.).

Ist eine Gefängnisstrafe in einem Landgerichtsgefängnis zu vollstrecken, so ist dieses auch zuständig für die Vollstreckung einer daran anschließend zu vollstreckenden Haftstrafe (§ 5 a. a. O.).

In die psychiatrischen Abteilungen bei dem Strafvollstreckungsgefängnisse München und den Gerichtsgefängnissen in Nürnberg können auch Strafgefangene aus den Gerichtsgefängnissen eingeliefert werden, wenn ihr Geisteszustand nach dem Gutachten des Gerichtsarztes diese Maßnahme erfordert und nach den besonderen Umständen des Falles von einer Fortsetzung der Strafvollstreckung nicht abgesehen werden kann. Bei Strafgefangenen wird die Einweisung in die psychiatrische Abteilung von dem der Strafvollstreckungsbehörde dienstaufsichtlich vorgesetztem Oberstaatsanwalte verfügt; Bekanntmachung des Staatsministeriums der Justiz vom 23. Februar 1922 Nr. 10628 über die Einrichtung psychiatrischer Abteilungen bei dem Strafvollstreckungsgefängnisse München und den Gerichtsgefängnissen in Nürnberg (JMBl. 1922 S. 132 ff.).

β. Die örtliche Zuständigkeit der Anstalten.

Über die örtliche Aufnahmezuständigkeit bestimmen die angezogenen Verordnungen im wesentlichen Folgendes:

1. Allgemeines.

Für die Bestimmung, in welche Anstalt ein Verurteilter einzuweisen ist, ist der Zeitpunkt der Erlassung des Strafantrittbefehls, des Strafvollstreckungsbefehls, der Ablieferungsverfügung oder der Erlassung des Haftbefehls maßgebend.

Ist der Verurteilte schon in einer Anstalt verwahrt, so sind weitere Strafen (Einzel-, Zusatz- oder Gesamtstrafen) in dieser Anstalt zu vollstrecken, soweit deren sachliche Aufnahmezuständigkeit reicht.

Sind Strafen, die von mehreren bayerischen Gerichten ausgesprochen sind, in einer Strafanstalt zu vollstrecken, so bestimmt sich die Anstalt nach dem Gerichte, das die Gesamtstrafe festgesetzt hat.

Sind Strafen zu vollstrecken, die vom Reichsgericht oder einem anderen nichtbayerischen Gerichte ausgesprochen sind, so bestimmt sich die Anstalt nach dem Aufenthalte des Verurteilten. Hält sich der Verurteilte außerhalb des deutschen Reiches auf, so ist, soferne sich die Anstalt nach dem Aufenthaltsorte des Verurteilten bestimmt, die seinem Aufenthaltsorte nächstliegende Anstalt zuständig.

Soweit sich die örtlich zuständige Strafanstalt auch nach dem Glaubensbekenntnis bestimmt, ist bei Gefangenen, die sich als freireligiös oder religionslos bezeichnen, das Glaubensbekenntnis maßgebend, dem sie früher angehörten. Läßt sich ein solches nicht ermitteln, so bestimmt der Oberstaatsanwalt die Anstalt.

Wird ein Verurteilter in eine örtlich nicht zuständige Anstalt eingewiesen, so ist er aufzunehmen, wenn er zustimmt und im übrigen die Voraussetzungen für seine Aufnahme vorliegen; andernfalls ist der auf freiem Fuß befindliche Verurteilte mit einem Vorweis zum Antritt der Strafe in der zuständigen Anstalt zu versehen, der verhaftete Verurteilte in die zuständige Anstalt abzuliefern. Die Strafvollstreckungsbehörde ist zu benachrichtigen; (§§ 7, 8, 9, 10, 12, 13, Abs. 3, §§ 14, 17, Abs. 2 der Bekanntmachung vom 21. März 1924 bezw. 27. April 1927).

2. Strafanstalten.

Die örtliche Aufnahmezuständigkeit der einzelnen Strafanstalten, das sind Zuchthäuser und Gefangenenanstalten, bestimmt sich, außer wie in § 18 der Just.-Min.-Bekm. vom 21. März 1924 dargetan, nach dem Orte des erkennenden Gerichts auch nach der Religion, dem Geschlecht, dem Alter, der Höhe der Strafe, der Art der Tat und nach der Tatsache, ob der Verurteilte vorbestraft ist. Die Zuständigkeit der einzelnen Strafanstalten hier aufzuführen unterlasse ich, da die Zuständigkeitsbestimmungen sich fortwährend und manchmal rasch aufeinander ändern. Die gegenwärtig geltenden Einweisungsbestimmungen sind enthalten in der Bekanntmachung des Staatsministeriums der Justiz vom 23. Oktober 1928 über den Einweisungsplan für die bayerischen Strafanstalten und Gerichtsgefängnisse (BayerStA. vom 25. Oktober 1928 Nr. 248).

3. Festungshaftanstalten.

Von den zur Strafe der Festungshaft verurteilten Personen sind zur Zeit die Männer in die Festungshaftanstalt Landsberg am Lech, die Frauen in die Abteilung für Festungshaftgefangene bei der Gefangenenanstalt Aichach einzuweisen (§ 23 der Bek. vom 21. März 1924 in der Fassung vom 27. April 1927).

4. Gerichtsgefängnisse.

Die örtliche Aufnahmezuständigkeit der Gerichtsgefängnisse bestimmt sich in der Regel nach dem Aufenthalte des Verurteilten.

Die Amtsgerichtsgefängnisse und die Landgerichtsgefängnisse sind für den Bezirk des Gerichts bestimmt, bei dem sie errichtet sind. Die Landgerichtsgefängnisse sind zugleich Amtsgerichtsgefängnisse für das am gleichen Orte befindliche Amtsgericht.

Befinden sich an einem Orte mehrere Gerichtsgefängnisse, so regelt der Oberstaatsanwalt die Aufnahmezuständigkeit. Er regelt auch die Aufnahmezuständigkeit der ständigen landgerichtlichen Aushilfsgefängnisse (§§ 24, 25 der Bek. vom 21. März 1924).

Die gemäß §§ 178, 179 und 182 GVG. angeordnete Haft wird in dem für den Ort der Verhaftung oder, wenn eine solche nicht erfolgt ist, in dem für den Aufenthaltsort zuständigen Amtsgerichtsgefängnis vollstreckt; § 28 der eben erwähnten Bekanntmachung.

Über die mögliche Änderung der sachlichen und örtlichen Aufnahmezuständigkeit der Gefängnisse ist bereits im Teil I Abschnitt II A I e γ (s. Seite 33 ff.) gesprochen worden und wird hierauf verwiesen.

b. Vollstreckungsersuchen an Gerichtsgefängnisse und Strafanstalten.

Ladung zum Strafantritt. Vorführungsbefehl, Haftbefehl und Steckbrief.

Ist das für den Bestraften zur Vollstreckung der Strafe zuständige Gefängnis bestimmt, so wird dieses um die Vollstreckung der Strafe ersucht, der Bestrafte aber zum Strafantritt geladen. Die Bestimmungen hiefür finden sich in §§ 82 bis 87 VfStrG.

Die Vollstreckung von Strafen, die in einem Gerichtsgefängnis am Ort oder im Bezirke der Strafvollstreckungsbehörde zu erstehen sind, wird von ihr unmittelbar eingeleitet und durchgeführt.

Das Gleiche gilt, wenn eine Strafe wegen der Auflassung des Gefängnisses am Sitze der Strafvollstreckungsbehörde in dem als zuständiges Gerichtsgefängnis bestimmten benachbarten Gerichtsgefängnis zu vollstrecken ist.

Die Strafvollstreckungsbehörde erläßt

1. wenn der Verurteilte verhaftet ist oder sich vor der Aufforderung zum Strafantritt freiwillig stellt, einen Strafvollstreckungsbefehl nach Formblatt 58,
2. sonst eine Ladung zum Strafantritt nach Formblatt 59. Abschrift der Ladung wird nach Formblatt 62 gefertigt; (§ 82 DVfStA.).

Soll eine Strafe in einem bayerischen Gerichtsgefängnisse vollstreckt werden, das sich nicht am Ort oder im Bezirke der Strafvollstreckungsbehörde befindet, so ersucht diese,

a) wenn die Strafe in einem Amtsgerichtsgefängnis zu vollstrecken ist und das Amtsgericht, zu dem das Gefängnis gehört, sich nicht am Sitze des Landgerichts befindet, den Amtsrichter,

b) sonst die Staatsanwaltschaft bei dem Landgericht, in dessen Bezirk das Gefängnis liegt,

um die Vollstreckung. Sie übersendet hierbei eine mit der Bescheinigung der Vollstreckbarkeit versehene beglaubigte Abschrift der Urteilsformel, des Strafbefehls oder der sonstigen Entscheidung und, wenn eine öffentliche Heil- und Pflegeanstalt oder ein Amtsarzt ein Gutachten über den Geisteszustand des Verurteilten erstattet hat, das für die Behandlung des Gefangenen im Gefängnis von Bedeutung sein kann, dieses Gutachten.

Sie bedient sich

1. bei verhafteten Verurteilten des Formblatts 60 oder 60 a,
2. bei nicht verhafteten des Formblatts 61 oder 61 a.

Abschrift der Ladung zum Strafantritt wird nach Formblatt 62 gefertigt.

Hat sich der Verurteilte inzwischen in den Bezirk eines anderen Amtsgerichts oder einer anderen Staatsanwaltschaft begeben, so ersucht der zunächst angegangene Amtsrichter oder Staatsanwalt das Amtsgericht oder die Staatsanwaltschaft, zu deren Bezirk der neue Aufenthaltsort gehört, um die Vollstreckung der Strafe und benachrichtigt die Strafvollstreckungsbehörde.

Verhaftete Verurteilte werden im Schubweg an das zuständige Gerichtsgefängnis abgeliefert, sofern nicht bis zur Überstellung wegen des § 450 StPO. die Strafzeit schon abgelaufen wäre oder ihr Ablauf unmittelbar bevorstünde.

Ist der Aufenthalt des Verurteilten im Bezirke der ersuchten Behörde unbekannt, so gibt sie der Strafvollstreckungsbehörde unter Rückgabe des Ersuchens davon Kenntnis und überläßt ihr die Ermittelung oder weitere Verfolgung des Verurteilten.

Den Ersuchen um Strafvollstreckung werden die zur Ausführung nötigen Formblätter tunlichst ausgefüllt beigelegt (§ 83 VfStrG.).

Um die Vollstreckung einer Strafe, die in einer bayerischen Strafanstalt zu erstehen ist, ersucht die Strafvollstreckungsbehörde die Direktion der nach dem Einweisungsplan zur Aufnahme des Verurteilten zuständigen Strafanstalt. Sie bedient sich hierzu

a) bei verhafteten Verurteilten des Formblatts 63,

b) bei nicht verhafteten des Formblatts 64.

Dem Ersuchen fügt sie eine Abschrift des Urteils und, wenn in den Gründen des Urteils darauf Bezug genommen ist, eine Abschrift des Eröffnungsbeschlusses, wenn in ihm auf die Anklageschrift verwiesen ist, auch eine Abschrift hiervon, sowie einen Strafregisterauszug (Strafvollstreckungspapiere) bei und, wenn eine öffentliche Heil- und Pflegeanstalt oder ein Amtsarzt ein Gutachten über den Geisteszustand des Verurteilten erstattet hat, das für die Behandlung des Gefangenen in der Strafanstalt von Bedeutung sein kann, dieses Gutachten. Sie teilt der Direktion der Strafanstalt ferner mit,

1. welche Frist sie dem nicht verhafteten Verurteilten für den Strafantritt gesetzt hat,

2. von welchem Zeitpunkt an die Strafzeit für den Verhafteten zu berechnen ist,

3. ob die Untersuchungskosten in das Einzugsregister eingestellt sind oder nicht (§ 2 Abs. 2 der Bekanntmachung vom 24. Dezember 1913, JMBl. S. 751).

Gleichzeitig mit dem Ersuchen an die Strafanstalt veranlaßt die Strafvollstreckungsbehörde,

a) wenn der Verurteilte verhaftet ist oder sich freiwillig stellt, seine Ablieferung an die Strafanstalt,

b) wenn er auf freiem Fuß ist, seine Ladung zum Strafantritt nach Formblatt 65. Abschrift der Ladung wird nach Formblatt 66 gefertigt.

Verzögert sich nach Übersendung des Ersuchens an die Strafanstalt der Strafvollzug, z. B. wegen Flucht des Verurteilten, wegen Bewilligung von Strafaufschub, so benachrichtigt die Strafvollstreckungsbehörde unverzüglich die Direktion der Strafanstalt.

Die Einlieferung oder den Strafantritt des Verurteilten zeigt die Direktion der Strafanstalt der Strafvollstreckungsbehörde unter Benützung des Formblatts 63 oder 64 an. Zugleich teilt sie den Zeitpunkt mit, auf den das Ende der Strafzeit berechnet wurde, und eine Bestätigung des Verurteilten, daß ihm die Strafzeitberechnung bekanntgegeben wurde (§ 85 VfStrS.).

Die Direktion der Strafanstalt hat des Ferneren der Strafvollstreckungsbehörde mitzuteilen, wann drei Viertel der Strafe verbüßt sind; cf. Bekanntmachung des Staatsministeriums der Justiz vom 14. März 1928 Nr. 12618 über das Verfahren in Gnadensachen und die vorläufige Entlassung der Strafgefangenen (BayerStA. Nr. 63 vom 15. März 1928).

Die Strafvollstreckungsbehörde prüft die Richtigkeit der Strafzeitberechnung der Anstalt nach und teilt dieser ihr Einverständnis oder ihre Bedenken gegen dieselbe mit. Entscheidend ist die Strafzeitberechnung der Strafvollstreckungsbehörde, die aber ihrerseits in Zweifelsfällen nach § 458 StPO. eine Entscheidung des Gerichts herbeiführen kann (cf. auch BayerObLG. vom 6. Juli 1928, abgedruckt in JurW. 1929 S. 1065).

Stellt sich der Verurteilte innerhalb der ihm gesetzten Frist nicht, so gibt hiervon die Direktion der Strafanstalt der Strafvollstreckungsbehörde Kenntnis, die das Erforderliche veranlaßt.

Besteht Verdacht, daß eine Person, die sich freiwillig zum Strafantritt stellte, mit dem Verurteilten nicht personengleich ist, so benachrichtigt die Direktion der Strafanstalt unter Angabe der Gründe die Vollstreckungsbehörde (§ 85 VfStrS.).

Die §§ 83, 85 VfStrS. bezeichnen nur das Mindestmaß dessen, was die Strafvollstreckungsbehörde der um den Vollzug einer Freiheitsstrafe angegangenen Behörde mitzuteilen hat. Daneben gibt sie ihr, damit die Ergebnisse des Strafverfahrens der Strafvollstreckung nutzbar gemacht werden können, von allem Kenntnis, was für die Behandlung des Verurteilten am Straforte insbesondere für die Anwendung des Stufensystems in den Strafanstalten wertvoll sein kann. Auf die autographierte Entschließung des Staatsministeriums der Justiz vom 22. Oktober 1923 Nr. 46963, die Strafrechtspflege betreffend, wird hingewiesen.

Bestand nach der ausdrücklichen Feststellung des Urteils bei dem Verurteilten der ausschlaggebende Beweggrund zur Tat darin, daß er sich zu ihr auf Grund seiner sittlichen, religiösen oder politischen Überzeugung für verpflichtet hielt, so macht die Strafvollstreckungsbehörde hierauf wegen des § 59 der DVO. die um den Vollzug der Freiheitsstrafe angegangene Behörde stets aufmerksam.

Der mit der Behandlung einer Strafsache bis zu ihrer rechtskräftigen Erledigung befaßte Beamte der Staatsanwaltschaft macht den mit den Aufgaben der Strafvollstreckungsbehörde betrauten Beamten die nach obigem erforderlichen Mitteilungen (§ 87 VfStrS.).

Für die Ersuchen an Staatsanwaltschaften, Amtsgerichte und Strafanstalten und die Ladungen zum Strafantritt sind die im Anhange zu den Dienstesvorschriften für Strafsachen vom 13. Januar 1926 (JMBl. 1926 S. 229) zusammengestellten Formblätter 58 — 67 zu verwenden. Für ihren Gebrauch gelten (a. a. O. S. 233) folgende Vorschriften:

„Sobald der Verurteilte die Strafe angetreten hat, teilt dies die um Vollstreckung ersuchte Behörde der ersuchenden Behörde zum Zwecke des Eintrags in das Vollstreckungsregister mit. Hiezu dient der Vordruck auf den Formblättern. In gleicher Weise wird die Entlassung aus der Strafhaft mitgeteilt. Bei kurzer Strafdauer können die Mitteilungen verbunden werden.

Die Ladung zum Strafantritt wird gleichzeitig mit dem dazu gehörenden Strafvollstreckungsbefehl ausgefertigt und hinausgegeben.

Stellt sich der Verurteilte innerhalb der ihm zum freiwilligen Strafantritt gesetzten Frist nicht, so erstattet der erste Gefängnisbeamte oder die Direktion der Strafanstalt sofort Fehlanzeige.

Die Bemerkung zum Formblatt 58 gilt auch für die Formblätter 60 bis 61 a, 63 und 64.

Zur Mitteilung der Strafzeitberechnung an den Gefangenen (§ 42 der DVO.) dient der Vordruck neben der Anzeige über den Strafantritt."

Zu Formular 58 ist eigens noch zu bemerken:

„Ist die erkannte Strafe zum Teil schon verbüßt oder ist Untersuchungshaft anzurechnen oder ist strengere Behandlung geboten, so ist dies entsprechend zu vermerken; (Ausf. Vorschr. Nr. 109 zu DVO.; cf. JMBl. 1926 S. 227, Fußnote 1.)

Ist der Verurteilte nicht fluchtverdächtig, so muß an ihn vor weiteren Maßregeln — es ergibt sich dies aus § 457

Abs. 1 StPO. — die Aufforderung zum Strafantritt ergehen. Eine solche ist jedoch nur einmal zu erlassen. Ist wegen irgend eines Antrags oder Gesuches die Strafvollstreckung ausgesetzt und wird der Antrag oder das Gesuch so entschieden, daß die Strafvollstreckung fortzusetzen ist, so erfolgt eine förmliche Ladung zum Strafantritt nicht mehr. Eine Fristsetzung zum Antritt einer Strafe ist nirgends vorgeschrieben, doch muß sie empfohlen werden. In den verschiedenen Formblättern für die Ladung zum Strafantritt (JMBl. 1926 S. 231 ff.) ist eine Fristsetzung von drei Tagen gewählt.

Hat sich der Verurteilte auf die Ladung zum Strafantritt nicht gestellt oder ist er der Flucht verdächtig, so kann die Strafvollstreckungsbehörde oder der um die Strafvollstreckung ersuchte Staatsanwalt oder Amtsrichter zum Zwecke der Vollstreckung der Freiheitsstrafe einen Haft- oder Vorführungsbefehl gegen ihn erlassen; (§§ 457 StPO., 88 Abs. I VfStrS.).

Ob die Voraussetzungen für die Erlassung eines Vorführungs- oder Haftbefehls bezw. eines Steckbriefes vorhanden sind, hat nur die vollstreckende Behörde zu befinden; eine Entscheidung des Gerichts hierüber nach § 458 StPO. findet nicht statt (cf. Löwe Anm. 2 zu § 457 StPO.). Wohl aber ist eine Dienstaufsichtsbeschwerde gegen die vorbezeichneten Verfügungen der Strafvollstreckungsbehörde zulässig.

Die Strafprozeßordnung enthält keine Bestimmung wie der Haftbefehl in den Fällen des § 457 StPO. zu vollstrecken ist. Die mit seinem Vollzug beauftragten Beamten müssen gegenüber dem Verurteilten dieselben Rechte haben wie gegenüber dem Verdächtigen. Eine Durchsuchung der Wohnung gemäß §§ 102, 103 ist daher zulässig (BayObLG. Bd. 8 S. 239). Die den Polizeibehörden in § 131 Abs. II StPO. beigelegte Befugnis greift auch hier Platz (cf. Löwe Anm. 3 zu § 457 StPO.).

Zum Zwecke der Strafvollstreckung kann die Strafvollstreckungsbehörde auch einen Steckbrief erlassen, wenn der Verurteilte flüchtig ist oder sich verborgen hält (§ 457 Abs. 2 und 3 StPO., § 88 Abs. 2 Satz 1 der VfStrS.).

Kann eine Freiheitsstrafe nicht oder nicht vollständig vollstreckt werden, weil der Aufenthalt des Verurteilten unbekannt ist, so sorgt die Strafvollstreckungsbehörde für die gebotenen Nachforschungen und Ausschreibungen. Sobald eine Ausschreibung gegenstandslos geworden ist, wird sie widerrufen. Wegen der Unterbrechung der Verjährung der Strafvollstreckung wird auf Nr. 6 der Bekanntmachung vom 27. Oktober 1910 (JMBl. Seite 911) verwiesen (§ 89 der VfStrS.).

Steckbriefnachrichten und Suchvermerke können im Strafregister des Bestraften niedergelegt werden. Die Vorschriften hierfür finden sich in den §§ 39 ff. der Strafregisterverordnung im Texte vom 8. März 1926 (RGBl. 1926 Teil I S. 162 ff.) und in Ziffern 32 ff. der Bekanntmachung des Staatsministeriums der Justiz und des Innern über Strafregister vom 22. April 1926 (GVBl. 1926 S. 288 ff.).

Steckbriefe, Haftbefehle und Festnahmeersuchen sollen nur mehr in dringenden Fällen im bayerischen Polizeiblatt veröffentlicht werden; zu ihrer Veröffentlichung soll ab 1. April 1928 das deutsche Steckbriefregister dienen. Solche Ausschreibungen sind, soweit sie aufrecht erhalten werden sollen, alle zwei Jahre zu erneuern. Diese und weitere Vorschriften über die Ausschreibung von Haftbefehlen, Steckbriefen etc., sowie die vorgeschriebenen Formularien finden sich in der Bekanntmachung des Staatsministeriums der Justiz und des Innern vom 22. März 1928 über kriminalpolizeiliche Fahndungen (BayerStA. vom 26. März 1928 Nr. 71) und in der Bekanntmachung des Staatsministeriums der Justiz und des Innern vom 13. Juni 1928 über das bayerische Polizeiblatt und über kriminalpolizeiliches Fahndungswesen (BayerStA. vom 16. Juni 1928 Nr. 137).

III. Die Dauer der Strafe.

(Strafzeitberechnung.)

1. Strafbeginn.

a) Bei freiwilligem Strafantritt am Straforte

Tritt ein Verurteilter freiwillig seine Strafe an, so beginnt diese mit dem Momente seiner Aufnahme am zuständigen Straforte.

In der Regel fallen Einlaß in das Gefängnis und Aufnahme zeitlich zusammen. Ein Zeitunterschied kann vorkommen, wenn die Persönlichkeit des Büßers erst festgestellt werden muß, oder wenn sich Zweifel wegen der Strafe selbst ergeben und deshalb Nachfragen bei der Strafvollstreckungsbehörde erforderlich sind. Obwohl diese Beseitigung der vorhandenen Bedenken der Aufnahme des Gefangenen vorausgeht, derselbe sozusagen noch nicht ins Gefängnis aufgenommen ist, mithin sich eigentlich nur in vorläufiger Verwahrung befindet, dürfte doch — irgend welche gesetzliche oder sonstige Vorschriften stehen nicht entgegen — zugunsten des Büßers der Beginn der Strafzeit mit seinem Einlaß ins Gefängnis festgesetzt werden. Der Einlaß kann hier meines Erachtens ohne Bedenken als Aufnahme unter der Bedingung, daß die der Aufnahme entgegenstehenden Umstände beseitigt werden, angenommen werden. Sind die der Aufnahme entgegenstehenden Hindernisse beseitigt, dann bleibt der sich Meldende im Gefängnis; ergibt sich, daß der zur Vollstreckung sich Meldende aus irgend welchen Gründen zur Vollstreckung nicht aufgenommen werden kann, so wird er wieder entlassen, ohne daß natürlich die im Gefängnis verbrachte Zeit auf eine spätere Strafverbüßung angerechnet werden kann.

b) Bei Festnahme auf Grund eines Vorführungsbefehls, Haftbefehls oder Steckbriefes.

Wird ein Verurteilter, der sich nicht freiwillig zum Strafantritt stellte, auf Grund eines Vorführungs-, Haftbefehls oder Steckbriefes festgenommen, so muß er erst an den für ihn zuständigen Strafort verbracht werden. Ist hier Strafbeginn der Zeitpunkt der Festnahme des Verurteilten oder seines Einpassierens am zuständigen Strafort?

Das Oberlandesgericht München und das bayer. Oberste Landesgericht (cf. OLG. München Bd. 2 S. 137; 3, 440; 3, 595; 4, 280; 4, 463; 10, 66; 10, 146; BayObLG. Bd. 3, 407; 9, 157; 13, 233 und 13, 375) haben in ihrer Rechtsprechung stets den Standpunkt eingenommen, daß grundsätzlich davon auszugehen sei, daß die auf Grund des § 489 alter Fassung (nun § 457) StPO. erfolgte Freiheitsentziehung nicht die Eigenschaft einer Strafe hat und daß ihre Dauer auf die erkannte Strafe nicht anzurechnen ist, daß vielmehr die Strafe erst mit der Einlieferung in den Strafort beginnt, eine Regel, von der es zunächst keine Ausnahme und zwar nicht einmal in dem Falle gab, in dem das Verbringen des Gefangenen an den Strafort ohne Verschulden des Verhafteten, z. B. aus Saumseligkeit der Behörde, sich verzögerte. Diesen Standpunkt hat das BayObLG. erst in seiner in Bd. 9 S. 159 abgedruckten Entscheidung aufgegeben, wo es ausführt:

„Ist auch auf einen Fall der schuldlosen Verzögerung der Ablieferung in die Anstalt die Vorschrift des § 482 StPO. a. F. (jetzt § 450 StPO.) nicht anwendbar, so legen doch die gesetzlichen Grundgedanken der §§ 482, 493 StPO. a. F. und des § 60 StGB., die vom Geiste des favor libertatis getragen sind, die Erwägung der analogen Anwendbarkeit nahe." Aus dieser Erwägung heraus hat dann auch das Gericht einem auf Grund des § 489 StPO. a. F. Verhafteten die Haft angerechnet, um die sich seine Ablieferung aus dem Gefängnis in die Strafanstalt deshalb verzögert hatte, weil er krank war. In gleicher Weise hat das BayObLG. dann auch später (Bd. 13 S. 233) einem Verhafteten, der am Ostersamstag in ein Amtsgerichtsgefängnis eingeliefert worden war, zwar nicht die beiden Feiertage, an denen er nicht an den zuständigen Strafort abgeliefert werden konnte, wohl aber zwei weitere Tage angerechnet, während deren seine Ablieferung ohne sein Verschulden verzögert wurde; (ähnlich auch BayObLG. Bd. 13 S. 375); cf. hierüber auch den Aufsatz des Reichsgerichtsrats Dr. Klimmer: „Zur Frage der Strafzeitberechnung im Falle des § 457 StPO." in der Zeitschrift für Rechtspflege in Bayern, 1926 S. 67 ff. Auch in seiner neuesten Entscheidung vom 23. Januar 1929 (wiedergegeben in der Deutschen Richterzeitung 1929, Sp. 172) hat sich das bayerische Oberste Landesgericht, wiederum auf den Standpunkt gestellt, daß die Strafzeitberechnung im Zweifel zugunsten des Verurteilten zu erfolgen habe.

Noch weiter als die eben erwähnten Entscheidungen des bayer. Obersten Landesgerichts geht das bayer. Staatsministerium der Justiz, das in seiner Entschließung vom 22. Juni 1923 (BayerStA. vom 25. Juni 1923 Nr. 144) zum Vollzug der Bekanntmachung des Staatsministeriums der Justiz, des Innern und der Finanzen über den Gefangenensammelschubverkehr vom 28. Mai 1923 (GVBl. 1923 S. 189 ff.) auf die Möglichkeit hinweist, daß Härten, die sich aus dem Gefangenensammelschubverkehr dadurch ergeben können, daß sich die Ablieferung auf Grund des § 489 StPO. a. F. zum Zwecke der Strafvollstreckung festgenommener Verurteilter an den Strafort um einige Tage bis zu einer Woche verzögern, durch die Strafzeitberechnung abgeholfen werden kann, und die Strafvollstreckungsbehörden anweist, unbeschadet gerichtlicher Entscheidungen, in den bezeichneten Fällen als Beginn der Strafzeit den Zeitpunkt anzunehmen, in dem der Verurteilte in irgend ein Gerichtsgefängnis oder eine Strafanstalt eingeliefert wird.

In analoger Anwendung dieser Ministerialentschließung wird in München in ständiger Übung auch den zur Strafvollstreckung Festgenommenen und zum Zwecke des Sammeltransportes an den zuständigen Strafort bei der Polizeidirektion München eingelieferten und dort verwahrten Verurteilten, ihre Strafzeit von ihrer Einlieferung in die Polizeidirektion an gerechnet.

Nicht schlechter als die zur Strafvollstreckung Festgenommenen dürfen aber auch die Personen gestellt werden, die kein Geld haben, an den zuständigen Strafort sich zu begeben und sich zum Zwecke des Transportes in die zuständige Anstalt bei der Polizeibehörde stellen. Auch für sie muß die Gestellung bei der Polizei Strafbeginn sein.

c) Wenn der Bestrafte sich in anderer Sache bereits in Haft oder Verwahrung befindet.

α. In Untersuchungshaft in anderer Sache.

Wenn jemand in einer anderen Sache, also nicht wegen des Reates, dessentwegen er eine Strafe verbüßen soll, in Untersuchungshaft sich befindet, so kann diese zum Zwecke und für die Dauer der Verbüßung einer Strafe vom Richter unterbrochen und darauf die Strafhaft vollzogen werden. Strafbeginn ist hier der Moment der tatsächlich vollzogenen Unterbrechung der Untersuchungshaft, also der Augenblick, in dem die bisherige Untersuchungshaft in Strafhaft übergeleitet worden ist. Nach Beendigung der Strafhaft geht dann, falls nicht die Untersuchungshaft unterdessen aufgehoben wurde, diese wieder weiter (cf. Löwe Anm. 8 zu § 450 StPO., Degen und Klimmer, S. 62 oben).

β. In Strafhaft in anderer Sache.

Sitzt ein Bestrafter in einer Sache in Strafhaft und soll er nach Beendigung dieser eine weitere Strafe (Anschlußstrafe) verbüßen, so beginnt die weitere Strafe mit dem Ende der verbüßten. Ist nach Beendigung der einen Strafe bezüglich der anderen der Transport des Gefangenen an einen anderen Strafort erforderlich, so beginnt ebenfalls die neue Strafe mit der Beendigung der alten Strafe und nicht etwa erst mit seinem Eintreffen am zuständigen Strafort (cf. BayObLG. Bd. 3 S. 431).

Selbstverständlich ist auch die Strafzeit eines Verurteilten, welcher zum Zwecke der Strafvollstreckung in eine Strafanstalt eingeliefert, bald darauf jedoch wegen Überfüllung derselben in eine andere Strafanstalt verbracht worden ist, von dem Zeitpunkte seines Eintritts in die erstere zu berechnen (OLG. München Bd. 4 S. 450).

γ. Die Verwahrung im Arbeitshaus.

Ist ein Büßer von einem Arbeitshaus zur Verbüßung einer Freiheitsstrafe in ein Gefängnis zu transportieren, so berechnet sich der Beginn der Strafe nach seiner Einlieferung in die zuständige Anstalt (cf. OLG. München, Bd. 4 S. 464).

d) Wenn der Bestrafte in derselben Sache sich in Untersuchungshaft befindet und diese nach dem Urteile auf die Strafzeit anzurechnen ist.

Gemäß § 60 StGB. kann eine erlittene Untersuchungshaft, das ist eine Freiheitsentziehung zur Sicherung der

Strafverfolgung durch eine Amtsperson, also auch Polizeihaft, bei Fällung des Urteils auf die erkannte Strafe ganz oder teilweise angerechnet werden. Die Anrechnung selbst sowie die Zeit der anzurechnenden Untersuchungshaft ist in das Ermessen des Richters gestellt, doch kann sie natürlich nicht weiter angerechnet werden, als der Richter dazu in der Lage ist, das ist über sein Urteil hinaus.

Die angerechnete Untersuchungshaft ist keine vorweggenommene Strafe — cf. RGSt. Bd. 29 S. 75 —; es wird vielmehr nur aus Billigkeitsgründen dem Richter die Ermächtigung gegeben, ihr unter Umständen die Wirkung der Strafvollstreckung bei der Urteilsfällung beizulegen, sie als bereits vollzogene Strafe zu betrachten. Sie wird auch tatsächlich einer vollzogenen Strafe gleich geachtet und hat in jeder Beziehung die Wirkung einer Strafverbüßung (cf. Ebermayer Anm. 1 zu § 60 und die dort aufgeführte Rechtsprechung).

Aus dem Gesagten ergibt sich, daß Strafbeginn nicht der Beginn der Untersuchungshaft, sondern der Antritt der Strafhaft ist und daß die angerechnete Untersuchungshaft vom Ende der ohne die Anrechnung zu errechnenden Strafzeit zurückzurechnen ist, (RGSt. Bd. 29 S. 75 und Bd. 52 S. 191), und zwar ohne Rücksicht darauf, welcher Art die erkannte Strafe ist.

Bei dieser Rückrechnung entsteht die Frage, in welcher Reihenfolge die mehrere Zeiteinheiten enthaltende Untersuchungshaft von dem ursprünglich ermittelten Strafende zurückzurechnen ist. Man kann:

1. zunächst die niedrigere und dann die höhere Zeiteinheit abrechnen,
2. zunächst die höhere und dann die niedrigere,
3. die für den Bestraften günstigste Rechnungsart wählen.

Das bayer. Oberste Landesgericht hat sich der ersteren Berechnungsart in seinem Beschluß vom 11. Februar 1921 (Beschw.Reg. Nr. 84/21) angeschlossen. Es entspricht, wie er besagt, der Natur der Sache, daß bei Anrechnung der Untersuchungshaft, die niedrigere Einheit, die zuletzt vollstreckt wurde, zuerst vom Strafende abgerechnet wird und daß sich daran die höhere Zeiteinheit beim Abzug rückwärts anschließt. Die Entscheidung beruft sich auch auf die einfache Regel der Subtraktion, die zuerst die kleinere und dann die größere Einheit in Abzug bringt.

Entsprechend der obendargetanen Auffassung, daß die angerechnete Untersuchungshaft als verbüßte Strafe zu erachten ist, muß diese auch bei nachträglicher Bildung einer Gesamtstrafe aus mehreren ungleichartigen Strafen in die höhere Strafart gemäß § 21 StGB. umgerechnet werden; cf. Olshausen Anm. 18 zu § 79 StGB. und die dort zitierte Rechtsprechung, insbesondere die Entscheidung des BayObLG. Bd. 6 S. 170, das diese Berechnung in einem erst am 23. Januar 1929 vom II. Strafsenat in Beschwerderegister Nr. II 714/28 erlassenen Beschluß ausdrücklich wieder billigt.

Die Berechnung der gemäß § 60 StGB. vom Richter angeordneten Untersuchungshaft ergibt bei der Strafvollstreckung dann oft Schwierigkeiten, wenn die anzurechnende Untersuchungshaft nicht genau bezeichnet ist; (z. B. anzurechnen ist die in dieser Sache etwa erlittene Untersuchungshaft oder, wenn der Richter mündlich dem Bestraften erklärte, daß er unter die anzurechnende Untersuchungshaft fallend auch die Polizeihaft verstehe und dies im Urteile nicht festlegte). Um Schwierigkeiten in der Strafvollstreckung und Entscheidungen nach §§ 458, 462 StPO., die oft gar nicht mehr leicht zu treffen sind, zu vermeiden, darf deshalb dem erkennenden Richter dringend nahegelegt werden, die anzurechnende Untersuchungshaft möglichst kalendermäßig im Urteilssatze festzulegen.

e) **Wenn der Bestrafte sich in derselben Sache, wegen deren er bestraft wurde, in Untersuchungshaft befindet und nur der Staatsanwalt ein Rechtsmittel eingelegt hat.**

Hat nur der Staatsanwalt oder eine außer dem Bestraften zur Rechtsmitteleinlegung berechtigte Person (cf. §§ 298, 390, 401 StPO.) ein Rechtsmittel gegen ein Urteil eingelegt, so ist dem Bestraften nach § 450 StPO. auf die zu vollstreckende Strafe unverkürzt, das heißt ohne Rücksicht auf die Art der Freiheitsstrafe und das in § 21 StGB. sonst geordnete Wertverhältnis der einzelnen Freiheitsstrafen, die Untersuchungshaft anzurechnen, welche er erlitten hat, seit er auf Einlegung eines Rechtsmittels verzichtet oder das eingelegte Rechtsmittel zurückgenommen hat oder seitdem die Einlegungsfrist abgelaufen ist, ohne daß er eine Erklärung abgegeben hat.

Eigentlicher Strafbeginn ist hier, da nur ein rechtskräftiges Urteil vollstreckt werden kann, erst der Moment der a b s o l u t e n Rechtskraft des Urteils. Erst von hier ist die ausgesprochene Strafzeit zu rechnen. Von dem so errechneten Strafende ist dann nach den vorgemachten Ausführungen über die Anrechnung der Untersuchungshaft die zwischen der Annahme des Urteils seitens des Bestraften und der absoluten Rechtskraft des Urteils gelegene auf die Strafzeit anzurechnende Untersuchungshaft wieder abzurechnen. Diese Rechnungsart, die dem Gesetze entspricht, ist eine umständliche und komplizierte. Zu demselben rechnerischen Ergebnisse — ein bei III 2 e unter Ziffer 7 aufgeführtes Beispiel wird dies bestätigen — gelangt man aber auch auf dem einfacheren Wege, wenn man die zu verbüßende Strafe ab dem Momente der Annahme der Strafe durch den Bestraften, seines Rechtsmittelverzichts oder des Ablaufs der Rechtsmittelfrist rechnet, so daß wir hier die einfache Formel aufstellen können:

Strafbeginn: Moment der absoluten Rechtskraft des Urteils.

Strafende: ab Moment der Annahme des Urteils oder des Rechtsmittelverzichts durch den Bestraften oder des Ablaufs der Rechtsmittelfrist, die ausgesprochene Strafzeit.

Nicht unbestritten ist die Frage, ob § 450 StPO. auch auf einen teilweisen Rechtsmittelverzicht des Bestraften Anwendung findet, wenn also z. B. jemand unter Zugrundelegung zweier Gefängnisstrafen von 3 und 4 Monaten zu einer Gesamtstrafe von 6 Monaten verurteilt wird und bezüglich der Strafe mit 3 Monaten Berufung einlegt, während der Staatsanwalt bezüglich des gesamten Urteils Berufung anmeldet.

Die viermonatige Strafe wäre, würde der Staatsanwalt auch nur wegen der Strafe von drei Monaten Berufung eingelegt haben, rechtskräftig und vollstreckbar. Konsequenter und billiger Weise muß man in unserem Falle auch dem Bestraften die Wohltat des § 450 StPO. hinsichtlich der von ihm angenommenen Strafe zuteil werden lassen. Man kann sich meines Erachtens nicht auf den Standpunkt des Beschlusses des Reichsmilitärgerichts vom 8. Mai 1914 (Entscheidung des Reichsmilitärgerichts Bd. 19 S. 10 ff.) stellen, daß die Anrechnung der seitens des Bestraften erlittenen Haft deshalb zu unterbleiben hat, weil der § 450 StPO. nicht zum Ausdrucke bringt, daß ein Schutz des verhafteten Angeklagten gegen Unbilligkeiten und Härten auch im Falle nur teilweiser Unterwerfung unter das Urteil gewährt werden soll. Ich meine, es müsse gerade nach dem auch für den Strafvollzug geltenden Grundsatz „in dubio pro reo" bei dem Fehlen einer solchen Bestimmung das Gegenteil, nämlich die Anwendung des § 450 StPO. auch bei teilweisem Rechtsmittelverzicht, angenommen werden.

Nicht trifft der § 450 StPO. zu, wenn der Bestrafte ein erfolgreiches Rechtsmittel eingelegt hat, wenn er also z. B. in erster Instanz 6 Monate Gefängnis, in zweiter Instanz 4 Monate Gefängnis erhalten hat; dieser Umstand wird den Bestraften zum Mindesten bei kurzen Freiheitsstrafen auch manchmal abhalten, gegen ein Urteil ein Rechtsmittel einzulegen, da er, selbst wenn er auf Grund seines Rechtsmittels Erfolg hätte, oft länger sitzen würde, als wenn er das Urteil sofort angenommen hätte. Dies muß als eine Gesetzeslücke bezeichnet werden, die (nur bei längeren Strafen) der Rechtsmittelrichter dadurch ausgleichen kann, daß er dem Verurteilten die zwischen der Erlassung des erst- und zweitinstanziellen Urteils gelegene Zeit gemäß § 60 StGB. als Untersuchungshaft anrechnet.

f) Wenn gegen den rechtskräftig Verurteilten die Strafvollstreckung nicht gleich nach Rechtskraft des Urteils eingeleitet oder der Verurteilte nicht gleich an den zuständigen Strafort abgeliefert werden kann.

Viel umstritten ist die Frage, wie Untersuchungshaft und Strafhaft sich aneinanderschließen, wenn ein in Untersuchungshaft Befindlicher in derselben Sache rechtskräftig verurteilt ist, die Strafvollstreckung aber nicht gleich nach Rechtskraft eingeleitet oder der Verurteilte nicht sofort an seinen zuständigen Strafort abgeliefert werden kann.

α. In einer großen Abhandlung im sächsischen Archiv für Rechtspflege 1906 Nr. 24 S. 553 und in seinem Werke: „Grundzüge der Strafvollstreckung nach Reichsrecht" 1902,

S. 100 vertritt Dr. Weichert den Standpunkt, daß, wenn der Verurteilte beim Eintritt der Rechtskraft des Urteils in Untersuchungshaft sich befand, diese Untersuchungshaft bis zur Ablieferung an den zuständigen Strafort fortbauert. Diese Haft beruht, wie Weichert ausführt, auf dem vom Gericht erlassenen Haftbefehl, der auch nach Eintritt der Rechtskraft des Urteils und bis zur Vollstreckung desselben wirksam bleibt, wenn er nicht vorher ausdrücklich aufgehoben wird. Sie ist Untersuchungshaft, nicht Strafhaft, die nach § 450 StPO. unverkürzt auf die Strafzeit anzurechnen ist.

Weichert kommt in konsequenter Durchführung seiner Lehre zu der notwendigen Folgerung, daß der Verurteilte in dem Stadium zwischen Rechtskraft des Urteils und Erreichung des Strafortes ausschließlich zur Verfügung des Gerichts steht, und dieses auch allein zur Verbescheidung allenfalls vom Verurteilten gestellter Anträge z. B. auf Haftentlassung zuständig ist.

Diese Lehre, der übrigens auch Löwe (cf. Anm. 1 b zu § 450 StPO.) beigetreten ist, scheitert hauptsächlich an dem Fundamentalsatze unseres Prozeßrechts, daß es mit dem Eintritte der Rechtskraft des Urteils eine Untersuchungshaft nicht mehr gibt. Auch der Standpunkt der Praxis ist, daß die Tätigkeit des Gerichts mit der Rechtskraft des Urteils endet und ihm nur mehr Entscheidungen nach § 462 StPO. zustehen.

β. Andere, wie Kraft in SeuffBl. Bd. 64 S. 433 und Bennecke-Beling in ihrem Lehrbuche des deutschen Reichsstrafprozeßrechts 1900 S. 186 qualifizieren die besagte Haft als Verwahrungshaft (Sicherungshaft). Sie argumentieren, daß die im Laufe eines Strafverfahrens verhängte Untersuchungshaft mit der Rechtskraft des Urteils ihr Ende erreicht und daß an ihre Stelle die von der Strafvollstreckungsbehörde gemäß der ihr durch § 457 StPO. eingeräumten Befugnis durch ausdrückliche oder konkludente Handlung verfügte, die Sicherung der Strafvollstreckung bezweckende Haft tritt, die nur im weitesten Sinn des § 450 StPO. Untersuchungshaft und als solche auf die Strafzeit anzurechnen ist.

Auf diesem Standpunkt steht auch die nicht gedruckte Entschließung des bayer. Staatsministeriums der Justiz vom 4. Dezember 1888 Nr. 18629, die besagt: „Die im Laufe eines Strafverfahrens auf Grund des § 112 StPO. über den Angeklagten verhängte Untersuchungshaft erreicht, wie das Verfahren selbst, ohne weiteres ihren Abschluß, sobald das erkannte Strafurteil rechtskräftig geworden ist. An ihre Stelle tritt, wenn aus irgend einem Grund nicht sofort die Strafhaft sich anschließen kann, die von der Strafvollstreckungsbehörde gemäß der ihr durch § 489 alt StPO. eingeräumte Befugnis ausdrücklich oder auch durch konkludente Handlung verfügte, die Sicherung der Strafvollstreckung bezweckende Haft – nur in dem weiteren Sinne des § 482 StPO. Untersuchungshaft – zu deren Aufhebung oder Anordnung der Staatsanwalt der nur für die Fälle der §§ 490 – 493 StPO. vorgesehenen richterlichen Beschlußfassung nicht bedarf."

Gegen diese Konstruktion ist vor allem einzuwenden, daß Haftbefehle niemals durch konkludente Handlungen erlassen werden können. Selbst wenn es aber solche durch konkludente Handlungen erlassene Haftbefehle gäbe, kann in unserem Falle von solchen nicht gesprochen werden, da in dem Momente, wo das Urteil rechtskräftig wird, dies regelmäßig der Strafvollstreckungsbehörde noch gar nicht bekannt ist, diese mithin in Unkenntnis der Sachlage auch nicht konkludent handeln kann.

γ. In einer eingehenden Abhandlung in der ZfRpfl. 2. Jahrgang 1906, S. 408, in der verschiedene Rechtsanschauungen bezüglich der streitigen Haft mit ihren Für und Wider zusammengestellt sind, vertritt Kreß die Auffassung, daß sie eine Strafhaft sei. Er meint, daß mit dem Momente der absoluten Rechtskraft eines Urteils für den Bestraften unter allen Umständen die Strafzeit beginne.

Mit seiner Auffassung verstößt Kreß in erster Linie gegen die schon früher besprochene herrschende Ansicht der obersten Gerichte, daß die Strafe erst mit der Einlieferung des Bestraften am Straforte beginnt. Sie verletzt auch den Grundsatz, daß ohne Tätigkeit der Strafvollstreckungsbehörde eine Strafvollstreckung nicht stattfinden kann (cf. Rechtsprechung des Reichsgerichts in Strafsachen Bd. 4 S. 26). Sie beachtet nicht den § 451 StPO., wonach die Strafvollstreckung nur auf Grund einer von dem Urkundsbeamten des Gerichts zu erteilenden, mit der Bescheinigung der Vollstreckbarkeit versehenen beglaubigten Abschrift der Urteilsformel erfolgen darf. Sie läßt schließlich auch die Entstehungsgeschichte des § 450 StPO. außer acht, von der nachher die Rede sein wird.

Die fragliche Haftzeit kann nach dem Vorgesagten keine Untersuchungshaft nach § 112 StPO., keine Verwahrungshaft und keine Strafhaft sein. Was ist sie dann?

Die schwierige Frage kann nur die Auslegung des § 450 StPO. lösen, der wie schon erwähnt, anordnet, daß auf die zu vollstreckende Freiheitsstrafe die Untersuchungshaft anzurechnen ist, welche der Angeklagte erlitten hat, seit er auf Einlegung eines Rechtsmittels verzichtet oder das eingelegte Rechtsmittel zurückgenommen hat, oder seitdem die Einlegungsfrist abgelaufen ist, ohne daß er eine Erklärung abgegeben hat.

Schon seinem Wortlaute nach trifft die angeführte Gesetzesstelle ohne Einschränkung auf jede Haft zu, die der Bestrafte ab Rechtsmittelverzicht, ab Rechtsmittelzurücknahme oder ab Ablauf der Einspruchsfrist ohne Rechtsmitteleinlegung erleidet. Er trifft also auch zu auf die Haft, die der Bestrafte ab Rechtskraft des Urteils erleidet, bis er an seinen zuständigen

Strafort gelangt ist, oder, was gleichbedeutend ist, bis die Strafvollstreckungsbehörde die Strafvollstreckung eingeleitet hat, mit welchem Zeitpunkte ja erst die Strafhaft beginnen kann.

Auch seinem Zwecke nach — § 450 StPO. ist offenbar bestimmt, zu verhüten, daß jemand aus von ihm nicht verschuldeten Umständen länger büßen muß, als dem Urteil entspricht — muß er auf die beiden genannten Fälle der Verzögerung ausgedehnt werden.

Und schließlich ergibt sich dies ganz besonders aus den Ausführungen, die Dr. von Schwarze in der Justizkommissionssitzung des Reichstags vom 23. Juni 1876 zur Begründung seines Antrags, dem § 407 des Entwurfs (jetzigem § 450 StPO.) hinzuzufügen: „oder seitdem die Einlegungsfrist ohne seine Erklärung abgelaufen ist“, gemacht hat, und die ich aus den Kommissionsprotokollen (cf. C. Hahn, die gesamten Materialien zu den Reichsjustizgesetzen Bd. III Strafprozeßordnung 2 S. 1434) wörtlich wie folgt, wiedergebe:

„Der § 407 decke nicht alle Fälle, die vorkommen könnten, namentlich den nicht, daß der Verurteilte nach Ablauf der Einlegungsfrist noch einige Zeit in der Untersuchungshaft zurückbehalten werde. Dieser Fall könne eintreten bei denjenigen Gerichten, welche die Verurteilten nicht einzeln, sondern mehrere zusammen in die Strafanstalten transportieren, außerdem aber auch dann, wenn die Strafanstalten überfüllt sind und deshalb die Transporte eingestellt werden. Es müsse daher im Gesetze dafür Sorge getragen werden, daß auch diese in der Untersuchungshaft verbrachte Zeit auf die Strafe angerechnet werde.“

Schwierigkeiten bietet der eben vorgetragenen Auslegung des § 450 nur der dort gebrauchte Ausdruck „Untersuchungshaft“. Dieser Begriff trifft nach dem Voraufgeführten eigentlich nur auf die vom § 450 betroffenen Fälle zu, in denen lediglich der Staatsanwalt ein Rechtsmittel eingelegt hat und deshalb das Urteil nicht rechtskräftig geworden ist. Nicht liegt aber Untersuchungshaft mehr vor, wenn das Urteil rechtskräftig ist und die Strafe nicht gleich nach Rechtskraft beginnen kann. Aber auch diese Schwierigkeit ist zu beseitigen. Von Schwarze hat offenbar den Begriff Untersuchungshaft nicht allein im eigentlichsten Sinne des § 112 StPO. aufgefaßt, er hat zweifellos nichts anderes gemeint und gewollt, als daß auch die durch spätere Ablieferung verursachte Haft dem Bestraften angerechnet werde und zwar analog der Untersuchungshaft. Wir können deshalb die hier anzurechnende Haft „uneigentliche Untersuchungshaft" oder auch „Untersuchungshaft im weiterem Sinne" heißen.

Die Sache liegt also so:

Die Strafe beginnt mit der Einleitung der Strafvollstreckung bezw. Ablieferung des Bestraften an den zuständigen Strafort. Von der Rechtskraft des Urteils ab bis zu diesem Momente wird der Bestrafte auf Grund der noch vom Gerichte getroffenen Anordnung der Fortdauer der Haft, sei es daß diese ausdrücklich oder durch Nichtaufhebung des Haftbefehls stillschweigend erfolgte, in Haft gehalten. Diese Haft wird nach § 450 StPO. als uneigentliche Untersuchungshaft dem Bestraften auf die Strafzeit angerechnet. Die praktische und einfache Strafzeitberechnung ist die gleiche, wie die unter obiger lit. e angegebene:

Strafbeginn: Moment der Einleitung der Strafvollstreckung bezw. Einpassierens des Bestraften am Straforte.

Strafende: ab Moment der Rechtskraft des Urteils die ausgesprochene Strafe.

Der eben geäußerten Auffassung entspricht wohl auch am meisten die in diesem Teile in B III 1 b (s. S. 95) schon besprochene Entschließung des bayer. Staatsministeriums der Justiz vom

22. Juni 1923 (BayerStA. 14. April 1923), die die Strafvollstreckungsbehörden ausdrücklich anweist, bei den an den Strafort Abzuliefernden als Beginn der Strafzeit bereits den Zeitpunkt anzunehmen, in dem der Verurteilte in irgend ein Gerichtsgefängnis oder eine Strafanstalt eingeliefert wird.

Auch kann man nur auf Grund der letzten Theorie den Absatz II des § 223 der DVO. verstehen, der besagt:

„Ist gegen einen Untersuchungsgefangenen rechtskräftig auf eine Strafe erkannt, die in einem anderen Gerichtsgefängnis oder in einer anderen Strafanstalt zu vollstrecken ist, so wird er beim Vorliegen der Voraussetzungen des § 482 (450) StPO. bis zur Überstellung an den Strafort als Strafgefangener behandelt."

Gleichfalls nur mit dieser Meinung kann auch zusammenstimmen § 18 Abs. II der BegnVorschr., der verordnet:

„Strafhaft im Sinne dieser Vorschriften ist jede Haft, die gegen den Verurteilten wegen der abgeurteilten Tat von der Rechtskraft der Entscheidung an in einer Strafanstalt oder einem Gerichtsgefängnis vollzogen wird, ohne Rücksicht darauf, wo die Strafe zu vollstrecken ist;"

cf. übrigens hier auch noch den Beschluß des Oberlandesgerichts München vom 21. Juli 1884 (OLG. München Bd. 3 S. 293).

Der ganze jetzt des Längeren besprochene Streit wird übrigens behoben, wenn § 43 Abs. III des Entwurfes eines Strafvollzugsgesetzes Gesetz wird, der anordnen will:

„Eine Freiheitsentziehung, die der Verurteilte wegen der abgeurteilten Tat nach seinem Verzicht auf Rechtsmittel oder nach Zurücknahme des von ihm eingelegten Rechtmittels oder nach Eintritt der Rechtskraft der Entscheidung bis zum Beginne der Strafzeit erlitten hat, ist auf die Strafe anzurechnen."

g) Wenn ein Verurteilter eine rechtskräftige Strafe verbüßt und während der Verbüßung der Strafe unter Einschluß derselben urteils- oder beschlußmäßig rechtskräftig eine Gesamtstrafe gebildet wird.

Das bayer. Oberste Landesgericht vertrat ursprünglich den Standpunkt, daß der Beginn des Vollzugs einer Gesamtstrafe keinesfalls auf einen Zeitpunkt vor dem Eintreten der Rechtskraft des die Gesamtstrafe aussprechenden Urteils oder Beschlusses verlegt werden dürfe, daß bei der Festsetzung einer Gesamtstrafe nach § 79 StGB. der schon verbüßte Teil einer in die Gesamtstrafe miteingezogenen Einzelstrafe abzurechnen und daß der abzurechnende verbüßte Teil der Einzelstrafe nach Tagen und Tagesbruchteilen zu berechnen sei (BayObLG. Bd. 2 S. 186, Bd. 9 S. 267 und 273).

Einen anderen Standpunkt nahm und nimmt das Reichsgericht ein. Es ist der Auffassung, daß der Einheitlichkeit der Gesamtstrafe auch die Einheitlichkeit der Strafvollstreckung entspreche und daß es als ausgeschlossen erscheinen muß, daß die begonnene Vollstreckung einer Einsatzstrafe mit dem Eintritte der Rechtskraft des auf die Gesamtstrafe lautenden Urteils unterbrochen und beendigt wird. Es muß vielmehr, wie hinsichtlich der Verhängung die frühere Strafe in die Gesamtstrafe, so auch die Vollstreckung der früheren Strafe in die Vollstreckung der Gesamtstrafe übergehen und sich in einen Teil dieser verwandeln. Es muß, da die Strafvollstreckung bereits begonnen hat, die Annahme eines neuerlichen besonderen Beginns ausgeschlossen sein, und muß die der Anwendung des § 79 StGB. innewohnende Rückwirkung zur Geltung kommen, so daß der Beginn der Vollstreckung der früheren Strafe rechtlich als Beginn der Strafvollstreckung der Gesamtstrafe zu erachten und zu behandeln ist. Die dementsprechende Berechnung der Strafzeit ergibt sich von selbst, wenn die eben in der Verbüßung befindliche Strafe mit einer gleichartigen zu einer Gesamtstrafe zusammengeschmolzen wird. Aber auch, wenn die frühere Strafe in Gefängnis- oder Festungshaft bestanden hat und die Gesamtstrafe auf Zuchthaus lautet, tritt nicht eine Unterbrechung der an sich fortdauernden Strafvollstreckung, nicht eine Störung der Einheitlichkeit der Strafvollstreckung als solcher, sondern nur während der Vollstreckung eine Veränderung der Art der zu vollstreckenden Freiheitsstrafe ein. Die Strafzeit, die bis zum Eintritt der Rechtskraft der die Gesamtstrafe aussprechenden Entscheidung verbüßt wurde, desgleichen auch eine nach dem ersten Urteile anzurechnende Untersuchungshaft (cf. Olshausen, Anm. 18 zu § 79 StGB. und BayObLG. Bd. 6 S. 170) ist nach dem § 21 StGB. in Zuchthausstrafe umzuwandeln und die so gewonnene Strafzeit von dem Zeitpunkte ab zurückzurechnen, an dem die auf Gesamtzuchthausstrafe lautende Entscheidung rechtskräftig geworden ist. Der hiernach sich ergebende Zeitpunkt ist der Beginn der zu verbüßenden Gesamtzuchthausstrafe; cf. Urteil des I. Strafsenats des Reichsgerichts vom 29. April 1905, abgedruckt in der ZfRpfl. 1. Jahrgang 1905 S. 304 und 305.

Unter Aufgabe seines früheren Standpunktes hat sich dann später das bayer. Oberste Landesgericht (cf. Beschluß vom 18. Dezember 1919, BayObLG. Bd. 18 – 19 S. 272) der eben ausgeführten Auffassung des Reichsgerichts angeschlossen, so daß nunmehr Einheit in der Rechtsprechung bezüglich der Strafzeitberechnung bei Gesamtstrafen besteht.

2. Strafende.

a) Allgemeines.

Für die Berechnung der Dauer der zu vollstreckenden Strafe und mithin des Strafendes ist die sog. computatio naturalis a momento ad momentum maßgebend. Die Berechnung ist in den Normalfällen eine einfache Addition. Zu dem festgestellten Momente des Strafbeginns wird die Strafzeit gezählt, und zwar ist dabei der Tag zu 24 Stunden, die Woche zu sieben Tagen, der Monat und das Jahr nach der Kalenderzeit zu rechnen. Die Dauer einer Zuchthausstrafe darf nur nach vollen Monaten, die Dauer einer anderen Freiheitsstrafe nur nach vollen Tagen bemessen werden. Die Entlassung des Gefangenen muß also im Normalfalle stets um dieselbe Stunde erfolgen, in der die Strafe begonnen hat.

Da, wie eben erwähnt, der Monat nach der Kalenderzeit zu berechnen ist, erfolgt die Entlassung eines mit einem Monat oder einem Vielfachen von einem Monat bestraften Gefangenen an dem der Zahl nach entsprechendem Tage des für die Entlassung in Frage kommenden Monats. Erfolgte die Aufnahme eines Gefangenen am 31. oder 30. eines Monats, so muß die Entlassung, falls der Monat, in dem sie zu erfolgen hat, nicht so viele Tage hat, bereits am letzten Tage des Monats geschehen, während umgekehrt, falls der Strafantritt am 28., 29., 30. als dem letzten Tag des Monats stattfindet, die Entlassung an dem der Zahl nach entsprechenden Tage und nicht erst am letzten des betreffenden Monats, falls dieser auf einen späteren Tag trifft, zu geschehen hat (RGSt. Bd. 29 S 76). Die Dauer einer einmonatigen Freiheitsstrafe schwankt deshalb zwischen 28 und 31 Tagen.

Ähnliches gilt, wenn die Strafe nach Jahren berechnet ist und die Strafe in einem Schaltjahr am 29. Februar begann, die Entlassung aber in einem Gemeinjahr erfolgen muß oder umgekehrt, wenn die Strafe am letzten Februar eines Gemeinjahres begann und die Entlassung im Schaltjahr stattzufinden hat.

b) In die Strafzeit einzurechnende Zeiten.

α. Zeiten einer Erkrankung.

Die Behandlung erkrankter Gefangener findet in der Regel innerhalb der Anstalt selbst statt. Sie liegt regelmäßig dem Anstaltsarzt ob. Ist nach Ansicht des Anstaltsarztes fachärztliche Behandlung geboten, so ist auch ein Facharzt beizuziehen (§§ 101 ff. DVO.). Die im Gefängnis verbrachte Krankheitszeit ist selbstverständlich in die Strafzeit einzurechnen.

Wenn der Zustand eines kranken Gefangenen es erfordert und der Anstaltsarzt es beantragt, ist der Gefangene in eine zur Aufnahme von Gefangenen von der Aufsichtsbehörde allgemein bestimmte Kranken- oder Heilanstalt zu verbringen. Verlangt nur der Gefangene die Unterbringung in eine solche Anstalt, so entscheidet die Aufsichtsbehörde (§ 108 DVO.).

Eine schwangere Gefangene ist, soweit eine Strafunterbrechung nicht angängig ist, zur Entbindung nach Möglichkeit in eine Entbindungsanstalt überzuführen. Die Überführung in eine solche setzt die Genehmigung der Aufsichtsbehörde voraus. Gefangene der Frauenstrafanstalt Aichach können mit Genehmigung der Aufsichtsbehörde auch in der in dieser Anstalt eingerichteten Entbindungsanstalt entbunden werden (§§ 110 DVO., 68 der AB. DVO.).

Ist der Verurteilte nach Beginn der Strafvollstreckung wegen Krankheit in eine von der Strafanstalt getrennte Krankenanstalt gebracht worden, so ist die Dauer des Aufenthalts in der Krankenanstalt — die Kosten sind Strafvollstreckungskosten — in die Strafzeit einzurechnen, wenn nicht der Verurteilte mit der Absicht, die Strafvollstreckung zu unterbrechen, die Krankheit herbeigeführt hat (§ 461 StPO.). Die Nichtanrechnung der Strafe tritt also nicht schon dann ein, wenn der Verurteilte die Krankheit verschuldet, sondern nur dann, wenn er sie in der Absicht, die Strafvollstreckung zu unterbrechen, herbeigeführt hat, z. B. wenn ein Gefangener, wie es öfters vorkommt, um aus dem Gefängnis zu kommen, Löffel und dergleichen schluckt.

Ist die Staatsanwaltschaft der Ansicht, daß die in der Krankenanstalt verbrachte Zeit anzurechnen sei, so hat sie das bei der Strafzeitberechnung zu berücksichtigen, will sie aber die Zeit nicht anrechnen, so hat sie nach Abs. 2 des § 461 StPO. eine Entscheidung des Gerichts herbeizuführen.

β. Zeiten, die der Bestrafte auf Schub verbringt.

Eine Person, die eine Freiheitsstrafe verbüßt, darf nur auf Anordnung der Strafvollstreckungsbehörde, nicht der um die Strafvollstreckung ersuchten Behörde (§ 451 StPO.), zu Zwecken eines bei einer anderen Behörde anhängigen Strafverfahrens dieser zeitweilig überliefert werden. Die Strafvollstreckungsbehörde hat für den Vollzug der Überführung zu sorgen und darüber zu wachen, daß, sobald als möglich, die Zurücklieferung des Gefangenen erfolgt. Dabei soll natürlich die zeitweilige Überlieferung Gefangener, die nur kurze Freiheitsstrafen zu verbüßen haben, oder deren Strafzeit bald abläuft, tunlichst vermieden und bei Terminsbestimmungen darauf Rücksicht genommen werden. Die auf diese Weise auf Transport, in Polizei- oder Gerichtsgefängnissen verbrachte Zeit ist auf die Strafzeit anzurechnen.

γ. Die in einem anderen als dem zuständigen Gefängnisse oder eventuell auch in einem Untersuchungsgefängnis mit Einwilligung der Strafvollstreckungsbehörde verbrachte Zeit.

Wird gegen einen Strafgefangenen in anderer Sache ein Haftbefehl nach § 112 StPO. erlassen, so kann dieser selbstverständlich die Strafhaft nicht unterbrechen. Er kann erst nach Beendigung der Strafhaft anschlußweise vollzogen werden. Wäre aus ganz besonderen Gründen die Unterbrechung der Strafhaft erforderlich, so wäre diese auf Grund der Vorschriften der Gnadenverordnung zu erreichen. Möglich wäre auch im Benehmen mit der Strafvollstreckungsbehörde die Überführung des Strafgefangenen an einen anderen Ort oder in ein anderes Gefängnis, eventuell auch Untersuchungsgefängnis mit der ausdrücklichen Abmachung der in Frage kommenden Stellen, daß dort die Strafhaft fortgesetzt werden soll. Würde eine Willenserklärung der Strafvollstreckungsbehörde zur Vollziehung des Strafrestes in dem Untersuchungsgefängnis nicht vorliegen, so könnte die dort zugebrachte Zeit nicht als Strafhaft berechnet, sondern nur nach § 60 StGB. auf die neue Strafe als Untersuchungshaft angerechnet werden; (Olshausen, Anm. 4 zu § 60 StGB. und R. 2, 456).

c) Unregelmäßigkeiten in der Strafzeitberechnung.

α. Bei der Anrechnung einer Untersuchungshaft.

Von der gewöhnlichen Strafzeitberechnung weichen ab die Strafzeitberechnungen, die erforderlich sind bei Anrechnung eigentlicher oder uneigentlicher Untersuchungshaft und die bereits auf Seite 97 ff. eingehend besprochen worden sind.

β. Bei Strafunterbrechung und bedingtem Straferlaß.

Der Antritt einer Strafe findet nur einmal statt; der Wiedereintritt eines Verurteilten in den Strafort nach einer Unterbrechung der Strafvollstreckung stellt sich nur als Fortsetzung der Strafvollstreckung dar. Die auf Grund der Strafunterbrechung tatsächlich nicht verbüßte Strafzeit ist nach Wiedereintritt in die Anstalt weiter zu verbüßen, das heißt, dem Momente des Wiederstrafantrittes sind so viele Tage, Stunden und Minuten hinzuzuzählen, als der Bestrafte bei ununterbrochener Vollstreckung der Strafe hätte verbüßen sollen, aber nicht verbüßt hat; (cf. OLG. München Bd. 2 S. 561 und Ebermayer Anm. 6 zu § 19 StGB.).

Ist bei einer für einen Strafrest bewilligten Bewährungsfrist die Vollstreckung dieses Restes angeordnet, so ist der nicht mehr verbüßte Rest zu vollstrecken, also ab Wiedereintritt in das Gefängnis die Zeit, welche zwischen der erfolgten Entlassung und dem errechneten ursprünglichem Strafende liegt.

d) Entlassung des Gefangenen bei Strafende.

Ist die Strafzeit abgelaufen, so ist der Gefangene zu entlassen. Vor Ablauf der Strafzeit darf er nur auf Anordnung der Oberaufsichtsbehörde, der Aufsichtsbehörde, der Strafvollstreckungsbehörde oder eines Gerichts entlassen werden (§ 199 DVO.). Die Anordnung der zuständigen Behörde auf vorzeitige Entlassung soll schriftlich oder drahtlich erfolgen. Wenn sie ausnahmsweise durch den Fernsprecher erfolgt, ist sie erst dann zu vollziehen, wenn durch Rückfrage bei der Behörde auf dem gleichen Wege festgestellt ist, daß die Anordnung auch wirklich von ihr ausgegangen ist — § 132 der AV. DVO. — Nur in folgenden Ausnahmefällen darf der Bestrafte abweichend von dem festgesetzten Strafende entlassen werden:

Erfordern es die Verkehrsverhältnisse oder fällt die Entlassungsstunde in die Zeit der Dunkelheit, so darf der Gefängnisvorstand den Gefangenen zu einer früheren Stunde des Entlassungstages entlassen. Fällt die Entlassungsstunde auf oder nach Mitternacht, so ist der Gefangene am folgenden Morgen zu entlassen. Konnte aus irgend einem Grunde von der in Satz 1 dieses Absatzes normierten Ermächtigung nicht Gebrauch gemacht werden und müßte der Gefangene in der Zeit der Dunkelheit oder zur Nachtzeit entlassen werden, so darf ihm auf seinen Wunsch der Aufenthalt in der Anstalt noch bis zum nächsten Morgen gestattet werden (§ 132 AB. DBO.).

Ist im Anschluß an die Verbüßung einer Zuchthaus- oder einer in einer Gefangenenanstalt zu vollstreckenden Gefängnisstrafe eine Haftstrafe in einem Gerichtsgefängnis zu vollstrecken, oder ist der Gefangene nach Strafverbüßung — z. B. zur Durchführung des Ausweisungsverfahrens — in Polizeihaft zu nehmen, so besteht keine Erinnerung dagegen, daß er bereits mit dem letzten Sammeltransport, der vor dem Ende seiner Strafzeit die Anstalt berührt, in das zuständige Gerichts- oder Polizeigefängnis überführt wird. Die Vollstreckung des Restes der Strafzeit darf in diesem Falle während des Transportes oder des Gewahrsams in einem Gerichts- oder Polizeigefängnis erfolgen.

In gleicher Weise darf auch sonst bei Überstellung von einer Anstalt in eine andere oder in ein Gerichtsgefängnis zum Zwecke der Vollstreckung einer Anschlußstrafe verfahren werden, vorausgesetzt, daß nicht die Vollstreckung des Strafrestes in der Anschlußanstalt dazu führt, daß eine schwerere Strafart vollstreckt werden müßte.

Soferne wegen des § 450 StPO. bis zur Überstellung die Strafzeit schon abgelaufen wäre oder ihr Ablauf unmittelbar bevorstünde, ist eine Ablieferung an das zuständige Gerichtsgefängnis nicht mehr erforderlich; (cf. autographierte Entschließung des bayer. Staatsministeriums der Justiz vom 28. September 1923 Nr. 42014 betreffend Sammelschubverkehr und § 83 III der VfStrG.).

Die Zeit der Entlassung ist im Gefangenenbuch zu vermerken. Die Entlassung des Gefangenen oder seine Ablieferung an eine andere Behörde, ist der Strafvollstreckungsbehörde anzuzeigen. Bei der Entlassung ist ein Ausweis darüber zu erteilen, daß die Strafe verbüßt ist; (vergl. hier auch §§ 199 und 203 DVO. und Ziffern 132 und 135 AB. DVO.).

Als Nachweis für die Vollstreckung von Freiheitsstrafen führen die Strafvollstreckungsbehörden Vollstreckungsregister. Nach näherer Anordnung der Amtsvorstände können für einzelne Gruppen von Strafurteilen (Urteile der Amtsrichter, der Schöffengerichte, der erweiterten Schöffengerichte) mehrere Vollstreckungsregister geführt werden. Sie werden durch besondere Buchstaben und Nummern (z. B. A I, II; Sch I, II; e Sch I, II) gekennzeichnet. Wird für die Vollstreckung von Ersatzfreiheitsstrafen ein eigenes Vollstreckungsregister geführt, so wird es mit E bezeichnet.

Die Vollstreckung von Freiheitsstrafen auf Ersuchen anderer Behörden wird, sofern nicht das Vollstreckungsregister auch hiefür verwendet werden will, in einer gesonderten Vormerkungsliste geführt (§ 95 VfStrG.).

Die für obige Vollstreckungsregister in Frage kommenden Formblätter 68 und 69 samt den Vorschriften für die Führung dieser Register — in diesen wird insbesondere auch die Führung eines gesonderten Vollstreckungsregisters für die von Schwurgerichten ausgesprochenen Freiheitsstrafen vorgeschrieben — finden sich auf Seite 263 ff. des JMBl. 1926.

Neben der Führung der vorbenannten Register obliegt der Strafvollstreckungsbehörde noch die Fertigung und Hinausgabe vorgeschriebener Mitteilungen, so z. B. zum Strafregister gemäß Ziff. 5 der Bekanntmachung der Staatsministerien der Justiz und des Innern über die Strafregister vom 22. April 1926 (GVBl. 1926 S. 288). Ein Verzeichnis der Mitteilungen, die im Strafverfahren und in nichtstrafrechtlichen Sachen gemacht werden müssen, ist gemäß § 33 der DVfStA. bei jeder Staatsanwaltschaft zu führen und auf dem Laufenden zu erhalten. Siehe auch die Bekanntmachung des Staatsministeriums der Justiz Nr. 51458 vom 29. November 1913, die Mitteilungen der Staatsanwälte, Amtsanwälte und Gerichte betreffend — (JMBl. 1913 S. 694) und Nr. 28347 vom 9. Juni 1921, die Mitteilungen der Justizbehörden an andere Behörden betreffend (JMBl. 1921 S. 103) —.

Ist nachträglich eine Gesamtstrafe gebildet worden, so benachrichtigt die zu ihrer Vollstreckung berufene Behörde nach Eintritt der Rechtskraft des Urteils oder Beschlusses die Behörden, die eine in die Gesamtstrafe einbezogene Strafe zu vollstrecken gehabt hätten, von der Bildung der Gesamtstrafe und der Übernahme der Strafvollstreckung. Eine Abschrift des Urteils oder Beschlusses, worin die Gesamtstrafe gebildet wurde, wird mit einem Vermerk über den Zeitpunkt des Eintritts der Rechtskraft beigefügt (§ 80 VfStrS.).

e) Beispiele von Strafzeitberechnungen.

1. zu 1 a und 2 a.

A tritt am 28. Februar 1928 vormittags 11.45 Uhr im Strafvollstreckungsgefängnis München-Stadelheim freiwillig eine Gefängnisstrafe von einem Monat an. Strafbeginn ist der 28. Februar 1928 vormittags 11.45 Uhr, Strafende der 28. März 1928 vormittags 11.45 Uhr.

Hätte A die Strafe am 31. Januar 1928 angetreten, so wäre Strafende am 29. Februar 1928.

2. zu 1 b.

Der zum Strafvollzuge ausgeschriebene B wird am Karsamstag, den 7. April 1928, nachmittags 6 Uhr von der Gendarmeriestation Grünwald festgenommen und passiert wegen der Osterfeiertage erst am Osterdienstag, den 10. April 1928, vormittags 8.30 Uhr im Strafvollstreckungsgefängnis Stadelheim in München ein. Die Verzögerung des Transportes wegen der Feiertage muß B, da er es auf seine Festnahme ankommen ließ und auch die Behörde kein Verschulden an ihr trifft, sich selbst zuschreiben. Strafbeginn ist hier der 10. April 1928 vormittags 8.30 Uhr.

C wird, nachdem er einem Strafantrittsbefehl keine Folge leistete, am 13. Februar 1929 nachts 11 Uhr in München festgenommen, am nächsten Morgen 6 Uhr vom Polizeirevier an die Polizeidirektion München verbracht und kommt von dort am 19. Februar 1929 vormittags 11.15 Uhr mittels Sammelschubs an seinem zuständigen Straforts Bernau an. Strafbeginn ist hier der Moment der Einlieferung in die Polizeidirektion München, das ist der 14. Februar 1929 vormittags 6 Uhr.

3. zu 1c.

E ist in der Sache A. V. A 3739/29 in Untersuchungshaft; die Untersuchungshaft wird vom Untersuchungsrichter am 1. März 1929 zwecks Verbüßung einer zweimonatigen Gefängnisstrafe aus A. V. A 2639/28 unterbrochen; E wird auf Grund dieser Untersuchungshaftunterbrechung am 2. März 1929 mittags 12 Uhr in Strafhaft genommen. Strafbeginn: 2. März 1929 mittags 12 Uhr. Am 2. Mai 1929 mittags 12 Uhr ist er dann, falls unterdessen der Haftbefehl nicht aufgehoben wurde, wieder in Untersuchungshaft zurückzubringen.

4. zu 1c.

F verbüßt mit Strafende vom 1. März 1929 vormittags 11.10 Uhr in der Gefangenenanstalt Landsberg a. L. eine Gefängnisstrafe; zur Verbüßung einer Anschlußzuchthausstrafe von zwei Jahren gelangt F am 7. März 1929 nachmittags 6 Uhr mittels Sammeltransportes im Zuchthause Straubing an. Strafbeginn für die Zuchthausstrafe: 1. März 1929 vormittags 11.10 Uhr.

5. zu 1 c.

G ist bis zum 12. Februar 1929 im Arbeitshaus zu verwahren. Am 15. Februar 1929 vormittags 10.20 Uhr kommt er in der Gefangenenanstalt Nürnberg zur Verbüßung einer Gefängnisstrafe mit Sammelschub an. Strafbeginn: 15. Februar 1929 vormittags 10.20 Uhr.

6. zu 1 d.

H sitzt in der Sache A. V. L 93/29 seit 19. Januar 1929 mittags 11.20 Uhr in Schwandorf in Untersuchungshaft. Am 13. Februar 1929 nachmittags 12.55 Uhr wurde er vom Amtsgericht München — er war vom persönlichen Erscheinen in der Verhandlung entbunden — unter voller Anrechnung der erlittenen Untersuchungshaft zu 6 Monaten Gefängnis verurteilt. Das Urteil wurde ihm am 20. Februar 1929 mittags 12.10 Uhr im Gerichtsgefängnis Schwandorf zugestellt und erklärte er sofort die Annahme der Strafe. Am 28. Februar 1929 nachmittags 3.20 Uhr gelangte er mittels Sammelschubs in der zuständigen Gefangenenanstalt an.

Strafbeginn:

20. Februar 1929 mittags 12.10 Uhr.

Strafende:

20. August 1929 mittags 12.10 Uhr.

Anzurechnende Untersuchungshaft vom 19. Januar 1929 mittags 11.20 Uhr bis 13. Februar 1929 mittags 12.55 Uhr = 25 Tage 1 Stunde 35 Minuten. Diese 25 Tage 1 Stunde 35 Minuten zurückgerechnet vom ursprünglich errechneten Strafende vom 20. August 1929 mittags

12.10 Uhr ergeben als wirkliches Strafende: 20. Juli 1929 vormittags 10.35 Uhr.

7. zu 1 e.

Der in Untersuchungshaft befindliche J wird durch ein am 13. Dezember 1928 verkündetes Urteil zu 3 Monaten 15 Tagen Gefängnis verurteilt; er nimmt am 15. Dezember 1928 nachmittags 4 Uhr durch ausdrücklichen Rechtsmittelverzicht das Urteil an. Der Staatsanwalt nimmt am 23. Dezember 1928 mittags 1 Uhr die gegen das Urteil eingelegte Berufung zurück. Die Strafe beginnt am 23. Dezember 1928 mittags 1 Uhr. Errechnetes Strafende 7. April 1929 mittags 1 Uhr. Davon ist abzuziehen die Zeit zwischen dem 15. Dezember 1928 nachmittags 4 Uhr und 23. Dezember 1928 mittags 1 Uhr, das sind 7 Tage 21 Stunden, so daß sich als tatsächliches Strafende ergibt: 30. März 1929 nachmittags 4 Uhr.

Dasselbe Resultat erreichen wir, wenn wir das Ende der Strafzeit gleich in der Weise berechnen, daß wir die ausgesprochene Strafzeit ab dem Momente der Strafannahme rechnen:

15. Dezember 1928 nachmittags 4 Uhr und 3 Monate 15 Tage = 30. März 1929 nachmittags 4 Uhr.

8. zu 1 f.

Erscheint ein Beispiel nicht notwendig; die Strafzeitberechnung ist die nämliche wie im vorigen Falle.

9. Zu 1 g.

K hat am 13. Juni 1928 vormittags 11 Uhr eine ihm mit rechtskräftigem Urteile des Amtsgerichts München vom 1. Mai 1928 wegen Diebstahls auferlegte Strafe von drei Monaten Gefängnis ab drei Wochen Untersuchungshaft im Strafvollstreckungsgefängnis München-Stadelheim angetreten. Am 1. August 1928 wurde er durch ein am

3. August 1928 nachmittags 5 Uhr rechtskräftig gewordenes Urteil unter Einrechnung der in Verbüßung befindlichen dreimonatigen Gefängnisstrafe zu einer Gesamtzuchthausstrafe von einem Jahr und einem Monat verurteilt. Die Strafzeit ist, wie folgt, zu berechnen:

Die zwischen dem Beginn der Strafe zu drei Monaten, das ist dem 13. Juni 1928 mittags 11 Uhr, und der Rechtskraft des die Zuchthausstrafe aussprechenden Urteils, das ist dem 3. August 1928 nachmittags 5 Uhr, liegende Zeit, das sind 51 Tage 6 Stunden, ist nach dem Verhältnisse von 3 : 2 in Zuchthaus umzurechnen, was 34 Tage 4 Stunden Zuchthaus ergibt. Diese 34 Tage 4 Stunden sind vom 3. August 1928 nachmittags 5 Uhr zurückzurechnen, was als Strafbeginn den 30. Juni 1928 nachmittags 1 Uhr ergibt. Strafende ist dann 30. Juli 1929 nachmittags 1 Uhr. Hievon ist wieder zurückzurechnen die anzurechnende Untersuchungshaft von ursprünglich 3 Wochen, umgewandelt in Zuchthaus von 14 Tagen, so daß als endgültiges Strafende sich der 16. Juli 1929 nachmittags 1 Uhr errechnet.

Nach der ursprünglichen oberstlandesgerichtlichen Auffassung würde sich das Strafende wie folgt, berechnen:

ab 3. August 1928 nachmittags 5 Uhr ein Jahr ein Monat Zuchthaus = 3. September 1929 nachmittags 5 Uhr, minus 34 Tage 4 Stunden, minus 14 Tage = 17. Juli 1929 nachmittags 1 Uhr.

10. Zu 2 c.

L hätte am 15. Dezember 1928 nachmittags 4 Uhr Strafende; auf Grund einer ihm bis zum 15. Oktober 1928 einschließlich bewilligten Strafunterbrechung, wird er am 10. Oktober 1928 nachmittags 4 Uhr entlassen und tritt seine Strafe am 16. Oktober 1928 nachmittags 4 Uhr wieder an. Es endet seine Strafe am 21. Dezember 1928 nachmittags 4 Uhr.

oder:

M hätte am 15. Dezember 1928 mittags 12 Uhr Strafende; auf Grund einer ihm bis 27. Dezember 1928 einschließlich bewilligten Strafunterbrechung wurde er am 12. Dezember 1928 vormittags 10 Uhr entlassen und tritt seine Strafe am 29. Dezember 1928 vormittags 9 Uhr wieder an.

Er hat von der Strafzeit, die er ohne Strafunterbrechung zu verbüßen gehabt hätte, infolge der ihm bewilligten Strafunterbrechung nicht verbüßt die Zeit vom 12. Dezember 1928 vormittags 10 Uhr bis zum 15. Dezember 1928 mittags 12 Uhr, das sind: 3 Tage und 2 Stunden. Diese ist ab Wiederantritt der Strafe, das ist dem 29. Dezember 1928 vormittags 9 Uhr, noch zu verbüßen, so daß sich als schließliches Strafende der 1. Januar 1929 vormittags 11 Uhr ergibt.

N hätte Strafende gehabt am 14. Oktober 1928 mittags 12 Uhr. Auf Grund eines für einen Strafrest von drei Monaten am 13. Juli 1928 bewilligten bedingten Straferlasses wurde, da eine frühere Entlassung nicht möglich war, N am 15. Juli 1928 vormittags 9 Uhr entlassen. Auf Grund neuer Verfehlungen des N wurde der Vollzug des Strafrestes angeordnet.

N hätte, wäre ihm bedingter Straferlaß nicht bewilligt worden, noch zu verbüßen gehabt, die Zeit vom 15. Juli 1928 vormittags 9 Uhr bis zum 14. Oktober 1928 mittags 12 Uhr, das sind 91 Tage 3 Stunden. Diese 91 Tage 3 Stunden hat er vom Wiederantritt seiner Strafe an, noch zu verbüßen.

IV. Strafaufschub.

Die Vollstreckung einer erkannten Freiheitsstrafe muß im Interesse einer wirksamen Strafrechtspflege sofort nach Eintritt der Rechtskraft des Urteils durchgeführt werden. Der Schuld hat möglichst bald die Sühne, dem Urteil die Vollstreckung zu folgen. Das muß der oberste Grundsatz für die Vollstreckungsbehörden sein, den nur Gründe durchbrechen können, die einen Strafaufschub notwendig machen oder doch zweckmäßig oder billig erscheinen lassen.

a) Notwendiger Strafaufschub.

Die Vollstreckung einer Freiheitsstrafe ist aufzuschieben, wenn der Verurteilte in Geisteskrankheit verfällt (§ 455 Abs. 1 StPO.). Ein Geisteskranker ist nicht fähig, die Strafe als Vergeltung und Übel zu empfinden; der Strafzweck würde vereitelt sein. Ein Aufschub der Vollstreckung in diesem Falle erscheint daher notwendig.

Die Strafe ist auch bei anderen Krankheiten aufzuschieben, wenn von der Vollstreckung eine nahe Lebensgefahr für den Verurteilten zu besorgen steht (§ 455 Abs. II StPO.). Die sofortige Vollstreckung der Strafe ohne Rücksicht auf diesen Zustand würde als besondere Härte empfunden werden, die als außerhalb des Strafzweckes liegend unter allen Umständen zu vermeiden ist.

b) Strafaufschub aus Zweckmäßigkeitsgründen.

Die Strafvollstreckung kann aber auch dann aufgeschoben werden, wenn sich der Verurteilte in einem körperlichen Zustande befindet, bei welchem eine sofortige Vollstreckung mit der Einrichtung der Strafanstalt unerträglich ist (§ 455 Abs. III StPO.). Hier erscheint ein Strafaufschub im Interesse der Gefängnisverwaltung, aber auch im persönlichen Interesse des Bestraften zweckmäßig.

Zu den Gründen, die einen Strafaufschub zweckmäßig erscheinen lassen, gehören ferner die Schwangerschaft und das Stillen verurteilter Frauen.

Gegen Frauen, deren Schwangerschaft schon bis zum sechsten Monat vorgeschritten ist, soll die Vollstreckung einer Freiheitsstrafe für die Zeit der Schwangerschaft und eine angemessene Zeit nach der Entbindung aufgeschoben werden. Dasselbe gilt, wenn nach dem Gutachten des Amtsarztes die Niederkunft einer Schwangeren während der Strafzeit zu erwarten ist oder ihr Zustand am Strafort Unzuträglichkeiten befürchten läßt. Ausnahmen sind zulässig, wenn das Interesse der Rechtspflege an dem sofortigen Vollzug die Rücksicht auf den Zustand der Verurteilten überwiegt (§ 57 BegnVorschr., § 38 DVO.).

Ob eine Frau, die bereits im sechsten Monat schwanger ist, oder eine Frau, deren Schwangerschaft zwar noch nicht soweit vorgeschritten ist, deren Entbindung aber während der Strafverbüßung erfolgen würde oder deren Zustand Unzukömmlichkeiten mit sich brächte, zum Strafvollzug aufgenommen werden soll, entscheidet die Strafvollstreckungsbehörde. Sie wird die Aufnahme dann anordnen, wenn das Interesse der Rechtspflege an einem sofortigen Strafvollzug die Rücksichten auf den Zustand der Verurteilten überwiegt (§ 26 Abs. 1 AV. DVO.).

Liegt eine ausdrückliche Anordnung der Vollstreckungsbehörde in Kenntnis des Zustandes der Schwangeren nicht vor, so sind Schwangere, die sich selbst stellen und bei denen nach dem Gutachten des sofort herbeizurufenden Anstaltsarztes eine der obengenannten Voraussetzungen gegeben ist, in der Regel zurückzuweisen; die vorläufige Aufnahme darf nur stattfinden, wenn entweder triftige Gründe für die sofortige Einleitung der Strafvollstreckung sprechen oder die Zurückweisung der sich Meldenden mit unverhältnismäßigen Nachteilen für sie verbunden wäre. Wenn eine unverzügliche Erkundigung bei der Strafvollstreckungsbehörde ermöglicht werden kann, soll sie vor der Entscheidung eingeholt werden. Eingelieferte

Schwangere sind vorläufig aufzunehmen. In jedem Falle der vorläufigen Aufnahme einer Schwangeren ist die Strafvollstreckungsbehörde auf dem schnellsten Wege zu benachrichtigen und um Entscheidung zu ersuchen, ob der Strafvollzug gegen die Gefangene durchgeführt werden soll (§ 26 Abs. 2 AV. DVO.).

Gegen stillende Mütter wird die Vollstreckung einer Freiheitsstrafe in der Regel erst eingeleitet, wenn der Amtsarzt es für zulässig erklärt. Stehen nach den besonderen Umständen des Falles dem Strafaufschub Bedenken entgegen und kann das Kind nicht von der Mutter getrennt werden, so darf es in die Strafanstalt oder das Gerichtsgefängnis mitaufgenommen werden (§ 58 BegnVorschr.).

Über den Aufschub der Vollstreckung einer Freiheitsstrafe nach § 455 StPO. entscheidet die Strafvollstreckungsbehörde. Sie entscheidet auf Antrag oder von Amts wegen.

Vor der Entscheidung stellt sie die erforderlichen Ermittelungen an.

In der Regel wird der Aufschub für bestimmte Zeit bewilligt und, wenn nötig, in der gleichen Weise verlängert. Wird der Aufschub ausnahmsweise auf unbestimmte Zeit bewilligt, so verschafft sich die Strafvollstreckungsbehörde von Zeit zu Zeit darüber Kenntnis, ob die Umstände noch fortbestehen, wegen deren Aufschub bewilligt wurde (§ 56 Begn.-Vorschr.).

Wenn nach Maßgabe des § 455 StPO. Einwendungen gegen die Ablehnung eines Antrags auf Aufschub der Strafvollstreckung erhoben werden, so ist darüber die Entscheidung des Gerichts herbeizuführen (§ 458 StPO.).

Daneben ist selbstverständlich auch eine Aufsichtsbeschwerde an die der Strafvollstreckungsbehörde vorgesetzte Behörde zulässig.

c) Strafaufschub aus wirtschaftlichen Gründen.

Die Vollstreckung kann auf Antrag des Verurteilten bis zur Dauer von vier Monaten aufgeschoben werden, wenn durch die sofortige Vollstreckung dem Verurteilten oder seiner Familie erhebliche außerhalb des Strafzweckes liegende Nachteile erwachsen. Die Bewilligung des Aufschubes kann auch von einer Sicherheitsleistung abhängig gemacht oder an andere Bedingungen geknüpft werden (§ 456 StPO.).

Zur Entscheidung über die Freigabe einer aus Anlaß eines Strafaufschubes geleisteten Sicherheit ist gemäß § 462 StPO. das Gericht zuständig (vergl. Beschluß des II. Strafsenats des BayObLG. vom 14. Juli 1928, abgedruckt in der ZfRpfl. 1928 S. 395).

Hier unterliegt der Aufschub der Vollstreckung dem Ermessen der Vollstreckungsbehörde.

Gegen die Ablehnung eines Antrags auf Strafaufschub findet nur die Beschwerde an die der ablehnenden vorgesetzten Behörde, nicht aber die Anrufung des Gerichs statt.

Der Antrag braucht nicht notwendig von dem Verurteilten selbst, er kann unter Umständen, wie z. B. im Falle der Krankheit des Verurteilten, auch von dritten, insbesondere Angehörigen usw. gestellt werden (Löwe Anm. 3 zu § 456 StPO.).

d) Strafaufschub im Gnadenwege.

Ein Strafaufschub kann auch bewilligt werden, wenn die Voraussetzungen der §§ 455 und 456 StPO. nicht gegeben sind. Für die Stellung von Gesuchen um Strafaufschub und für die Einstellung der Strafvollstreckung wegen solcher Gesuche gelten die §§ 1 – 4 der BegnVorschr. Die vorbereitende Behandlung bemißt sich nach den §§ 5 – 11 dieser Vorschriften.

Hat der Gesuchsteller keinen bestimmten Zeitpunkt angegeben, bis zu dem Strafaufschub bewilligt werden soll, so wird er darüber befragt, falls nicht das Gesuch aussichtslos ist. Kann voraussichtlich nicht innerhalb des Zeitraums, für den Strafaufschub erbeten wird, über das Gesuch entschieden und der Bescheid dem Gesuchsteller eröffnet werden, so darf die Strafvollstreckung ohne Ermittelungen für diesen Zeitraum eingestellt werden. Dem Verurteilten wird hiervon Kenntnis gegeben und gleichzeitig mitgeteilt, daß nach Ablauf des Zeitraums die Strafvollstreckung sofort eingeleitet oder fortgesetzt wird (§ 63 der BegnVorschr.).

Die Bewilligung eines Strafaufschubs bei Nichtvorliegen der Voraussetzungen der §§ 455 und 456 StPO. ist der Ausfluß des Gnadenrechts. Einer Delegierung dieser Befugnis auf die Organe der Strafvollstreckungsgewalt steht die StPO. nicht entgegen.

In Bayern entscheiden über solche Strafaufschubsgesuche auf Grund der ihnen erteilten Ermächtigung die Strafvollstreckungsbehörden, soweit der erbetene Aufschub den Zeitraum von einem Jahre nicht übersteigt; sonst der General- oder Oberstaatsanwalt. Der einjährige Zeitraum wird von dem Tage an gerechnet, an dem das Straferkenntnis vollstreckbar geworden ist. Bei Anordnung der Vollstreckung der Strafe nach § 35 der BegnVorschr. wird der einjährige Zeitraum vom Tage dieser Anordnung an gerechnet (§ 59 BegnVorschr.).

Wenn die für die Behandlung des Gesuches zuständige Behörde (§ 5 BegnVorschr.) nicht auch über das Gesuch zu entscheiden hat (§§ 59, 60 BegnVorschr.), übersendet sie das Gesuch mit den Ermittelungen und einer gutachtlichen Äußerung der für die Entscheidung zuständigen Behörde. Die Vorlagen des Amtsanwalts und des Amtsrichters an den Oberstaatsanwalt vermittelt der Staatsanwalt beim

Landgericht, der seine eigene gutachtliche Äußerung beifügt (§ 64 BegnVorschr.).

Bei der Würdigung der Gesuche werden das Interesse der Strafrechtspflege an rascher Vollstreckung rechtskräftig erkannter Strafen und die berücksichtigungswerten Interessen der Verurteilten oder sonstigen Beteiligten sorgfältig gegeneinander abgewogen. Unnötige Härten sollen bei der Strafvollstreckung vermieden werden. Andererseits muß Versuchen, die Strafvollstreckung zu verschleppen, mit Entschiedenheit entgegengetreten werden. Besonders streng werden Gesuche für Verurteilte geprüft, die schon das Strafverfahren oder durch Stellung anderer Gesuche und Anträge oder Verheimlichung ihres Aufenthaltsorts die Strafvollstreckung zu verzögern wußten. In solchen Fällen wird sich häufig, besonders bei kurzen Freiheitsstrafen die Abweisung des Gesuchs ohne Ermittelungen rechtfertigen lassen.

Strafaufschub ist zwecklos, wenn durch ihn die mit der Vollstreckung der Strafe verbundenen Nachteile nur verschoben, nicht aber verhütet oder wenigstens gemindert werden können.

Der Strafaufschub kann an die Leistung einer Sicherheit oder an andere Bedingungen geknüpft werden.

Die Vollstreckung einer Freiheitsstrafe gegen einen im Arbeitshaus Untergebrachten wird in der Regel bis zu seiner Entlassung aus dem Arbeitshaus aufgeschoben (§ 65 Begn.-Vorschr.).

Besonders zu berücksichtigen sind bei der Bewilligung von Strafaufschub die Verhältnisse der Landwirtschaft (Justizministerial-Bekanntmachung vom 15. März 1921 Nr. 15406 die Ansetzung der Gerichtstermine und die Strafvollstreckung betreffend; JMBl. 1921 S. 28).

Strafaufschub wird tunlichst bis zu einem bestimmten Tage bewilligt.

Längerer Strafaufschub wird nur widerruflich bewilligt. Dabei trifft die entscheidende Behörde Vorsorge, daß sie unverzüglich Kenntnis erhält, wenn die Verhältnisse sich ändern oder der Verurteilte sich nicht gut führt.

Der Generalstaatsanwalt und die Oberstaatsanwälte können bei Abweisung eines Gesuchs anordnen, daß die Strafe ohne Rücksicht auf weitere Gesuche um Strafaufschub vollstreckt wird (§ 66 Begn.Vorschr.).

Ist jemand durch eine oder mehrere Entscheidungen zu mehreren Freiheitsstrafen verurteilt worden, die nicht zu einer Gesamtstrafe zusammengefaßt werden können, aber im Anschluß aneinander vollstreckt werden sollen, so wird das während der Vollstreckung einer Strafe gestellte Gesuch um Aufschub der Vollstreckung einer anderen Strafe als Gesuch um Strafaufschub behandelt (§ 61 BegnVorschr.).

Die Entscheidung über Gesuche um Strafaufschub wird in Urschrift zu den Akten genommen. Abweisende Entscheidungen werden kurz begründet.

Für die Eröffnung der Entscheidung und die sofortige Einleitung oder Fortsetzung der Strafvollstreckung bei Abweisung eines Gesuches gilt § 16 der BegnVorschr. (§ 67 BegnVorschr.).

Gegen die Entscheidung der Strafvollstreckungsbehörde kann Beschwerde eingelegt werden. Dies gilt nicht, wenn der Generalstaatsanwalt Strafvollstreckungsbehörde ist.

Über die Beschwerde entscheidet, soferne nicht die Strafvollstreckungsbehörde ihr abhilft, der Staatsanwalt beim Landgerichte, wenn der Amtsrichter Strafvollstreckungsbehörde ist, sonst der Oberstaatsanwalt. Dem Beschwerdeführer wird ein schriftlicher Bescheid erteilt.

Die Strafvollstreckungsbehörde versagt offenbar unbegründeten Beschwerden die aufschiebende Wirkung.

Nach der Verwerfung einer Beschwerde darf weiteren Gesuchen aufschiebende Wirkung nur gegeben werden, wenn neue Tatsachen bekannt geworden oder glaubhaft geltend gemacht sind, die zu einer Änderung der früheren Entscheidung führen können (§ 68 BegnVorschr.).

Die Aktenführung bemißt sich nach § 17 BegnVorschr. Aktenstücke, die wegen Strafaufschubs, und solche, die wegen Begnadigung oder bedingten Straferlasses anfallen, werden zu einem Aktenhefte vereinigt (§ 69 BegnVorschr.; cf. auch: Teil I Abschn. II A I e γ). (s. Seite 33).

V. Strafunterbrechung.

Soweit das Gesetz nichts anderes bestimmt, — hievon wird in nächster Ziffer VI die Rede sein — darf die Strafhaft nur gnadenweise oder aus dienstlichen Gründen unterbrochen werden. Voraussetzung der Unterbrechung aus Gnade ist, daß der Verurteilte oder sein gesetzlicher Vertreter zustimmt, es sei denn, daß die Zustimmung nicht ohne nachteilige Verzögerung eingeholt werden kann.

Strafhaft im Sinne dieser Vorschriften ist jede Haft, die gegen den Verurteilten wegen der abgeurteilten Tat von der Rechtskraft der Entscheidung an in einer Strafanstalt oder einem Gerichtsgefängnis vollzogen wird, ohne Rücksicht darauf, wo die Strafe zu vollstrecken ist (§ 18 BegnVorschr.).

Für die Unterbrechung der Strafhaft aus Gnade gelten die Vorschriften des I. Abschnitts der BegnVorschr., soweit nicht ausdrücklich etwas anderes bestimmt ist (§ 19 Begn.-Vorschr.).

Über Gesuche um Unterbrechung der zeitigen Strafhaft einschließlich der Gestattung, daß eine Strafe mit einer Unterbrechung oder mit mehreren verbüßt wird, entscheiden der Generalstaatsanwalt und die Oberstaatsanwälte im Auftrage des Staatsministeriums der Justiz. Sie werden aber im Interesse eines geordneten Strafvollzugs solchen Gesuchen, namentlich Gesuchen um Gestattung, daß eine Strafe mit Unterbrechungen vollstreckt wird, nur ausnahmsweise stattgeben, wenn gewichtige Gründe dafür sprechen. Eine Strafunterbrechung ist zwecklos, wenn durch sie die mit der Vollstreckung der Strafe verbundenen Nachteile nur verschoben, nicht aber verhütet oder wenigstens gemindert werden können.

Eine Strafunterbrechung wird in der Regel nur widerruflich bewilligt (§ 20 BegnVorschr.).

Die Strafunterbrechung kann an die Leistung einer Sicherheit oder an andere Bedingungen geknüpft werden.

Bezüglich der Entscheidung über Freigabe einer aus Anlaß einer Strafunterbrechung geleisteten Sicherheit gilt das bei IV c Abs. II (s. Seite 127) Gesagte.

Gesuche um Verlängerung der auf Grund des § 21 Begn.-Vorschr. bewilligten Strafunterbrechung werden mit besonderer Beschleunigung behandelt.

Die Entscheidung darüber steht dem Generalstaatsanwalt oder dem Oberstaatsanwalt zu (§ 22 BegnVorschr.).

Soll die Strafhaft aus dienstlichen Gründen unterbrochen werden, so wird stets die Entschließung des Staatsministeriums der Justiz eingeholt, es sei denn, daß seine Entschließung wegen besonderer Dringlichkeit nicht abgewartet werden kann (§ 24 BegnVorschr.).

Die Direktionen der Strafanstalten und die Vorstände der Gerichtsgefängnisse sind ermächtigt, in besonders dringenden Fällen die zeitige Strafhaft widerruflich zu unterbrechen. Ein solch dringender Fall kann z. B. gegeben sein, wenn ein Familienmitglied des Gefangenen schwer erkrankt oder gestorben ist oder wenn das Hauswesen von einem Unglück wie Brand, Viehseuche betroffen wurde, ferner wenn der Gefangene wegen plötzlicher gefährlicher Erkrankung sofort entlassen werden muß. Erfolgt die Unterbrechung nicht wegen Krankheit des Gefangenen, so wird sie in der Regel nur auf eine bestimmte kurze Zeit bewilligt. Dem Gefangenen wird eröffnet, daß er sich nach Ablauf der Frist unverzüglich wieder am Strafort einzufinden hat, widrigenfalls er nach § 457. StPO. sofort verhaftet oder vorgeführt wird.

Die Direktionen der Strafanstalten und die Vorstände der Gerichtsgefängnisse sind auch ermächtigt zu gestatten, daß schwangere Gefangene, die eine zeitige Freiheitsstrafe verbüßen, mit Unterbrechung der Strafhaft zur Abwartung der Entbindung in eine Entbindungsanstalt gebracht oder, wenn dies nicht tunlich ist, mit polizeilicher Beaufsichtigung nach Hause entlassen werden. In letzterem Falle wird die zuständige Polizeibehörde ersucht, die Mitteilungen, zu denen die Beaufsichtigung Anlaß gibt, an die Strafvollstreckungsbehörde zu machen. Wegen Schwangerschaft wird die Strafhaft in der Regel 1 Monat vor der Entbindung zu unterbrechen sein. Sobald es ohne Nachteil für die Gesundheit der Verurteilten und des Kindes möglich ist, wird die Strafvollstreckung fortgesetzt.

Von der Strafunterbrechung wird die Strafvollstreckungsbehörde sofort in Kenntnis gesetzt. Hat sie Bedenken gegen die Strafunterbrechung, so berichtet sie unverzüglich an den nach § 20 Abs. I BegnVorschr. zuständigen Oberstaatsanwalt. Er kann die Strafunterbrechung widerrufen oder abkürzen.

Findet sich ein Gefangener nicht unverzüglich nach Ablauf der ihm bewilligten Frist zur Fortsetzung des Strafvollzugs am Strafort ein, so benachrichtigt die Direktion der Strafanstalt oder der Vorstand des Gerichtsgefängnisses sofort die Strafvollstreckungsbehörde. Diese erläßt, wenn nicht besondere Gründe entgegenstehen, Haft- oder Vorführungsbefehl nach § 457 StPO. (§ 21 BegnVorschr.)

Bezüglich der Strafzeitberechnung bei bewilligter Strafunterbrechung wird auf Teil II, B III, 2 c β Bezug genommen.

VI. Strafaufschub oder Strafunterbrechung durch das Gericht.

In den vom Gesetze ausdrücklich bestimmten Fällen hat auch das Gericht die Befugnis, einen Aufschub der Strafvollstreckung oder eine Unterbrechung derselben anzuordnen. Eine derartige Anordnung liegt im freien Ermessen des Gerichts. Es sind hauptsächlich Gründe der Zweckmäßigkeit und Billigkeit, die seine Entscheidung hiebei beeinflussen werden. Die erwähnte Befugnis des Gerichts beseitigt natürlich nicht die Möglichkeit, daß auch die Vollstreckungsbehörde ihrerseits in solchen Fällen den Strafvollzug aussetzen kann, ja in dringenden Fällen sogar aussetzen muß.

Im einzelnen kommen folgende Fälle in Betracht:

1. Entstehen über Auslegung eines Strafurteils oder über Berechnung der erkannten Strafe Zweifel, oder werden Einwendungen gegen die Zulässigkeit der Strafvollstreckung erhoben, so ist nach § 158 StPO. die Entscheidung des Gerichts herbeizuführen. Dasselbe gilt (§ 458 Abs. II StPO.), wenn nach Maßgabe des § 455 Einwendungen gegen die Ablehnung eines Antrags auf Aufschub der Strafvollstreckung erhoben werden. Der Fortgang der Vollstreckung wird hierdurch nicht gehemmt; das Gericht kann jedoch einen Aufschub oder eine Unterbrechung der Vollstreckung anordnen (§ 458 Abs. III StPO.).

   Der Beschluß des Gerichts, wonach ein Aufschub oder eine Unterbrechung der Vollstreckung nicht angeordnet wird, unterliegt der sofortigen Beschwerde (§ 462 Abs. IV StPO.).

2. Wenn der Verurteilte durch Naturereignisse oder andere unabwendbare Zufälle an der Einhaltung der Frist verhindert worden ist, kann er gegen die Versäumung dieser Frist die Wiedereinsetzung in den vorigen Stand beantragen (§ 44 StPO.).

Durch das Gesuch um Wiedereinsetzung in den vorigen Stand wird die Vollstreckung einer gerichtlichen Entscheidung nicht gehemmt. Das Gericht kann jedoch einen Aufschub der Vollstreckung anordnen (§ 47 StPO.).

Zuständig für diese Anordnung ist dasjenige Gericht, welches über das Gesuch um Wiedereinsetzung zu entscheiden hat, also dasjenige, welches bei rechtzeitig erfolgter Handlung zur Entscheidung in der Sache selbst berufen gewesen wäre (§ 46 StPO.).

Gegen die einen Aufschub der Strafvollstreckung nicht anordnende Entscheidung des Gerichts ist einfache Beschwerde zulässig (§ 304 StPO.), nicht die sofortige Beschwerde, die nur gegen die das Gesuch um Wiedereinsetzung verwerfende Entscheidung stattfindet (§ 47 Abs. II StPO.).

Wird dem Antrag auf Wiedereinsetzung in den vorigen Stand stattgegeben, so wird die Rechtskraft des Urteils und damit die Strafvollstreckung aus diesem gehemmt, bezw. ist sie zu unterbrechen (cf. Löwe Anm. I zu § 47 StPO.).

Hat vor der bewilligten Wiedereinsetzung in den vorigen Stand der Verurteilte einen Teil seiner Strafe als Strafhaft bereits verbüßt, so ist ihm die verbüßte Zeit, wenn er wieder verurteilt wird, auf die neue Strafe anzurechnen (cf. BayObLG. Bd. 5 S. 249 und Bd. 7 S. 344 und SeuffBl. Bd. 67 S. 189 ff. und JurW. S. 1009).

3. Auch der Antrag auf Wiederaufnahme eines Verfahrens hat keine aufschiebende Wirkung; die Vollstreckung des Urteils wird dadurch nicht gehemmt. Doch kann auch hier das Gericht, welches über die Zulassung des Antrags auf Wiederaufnahme des Verfahrens zu entscheiden hat,

das ist dasjenige Gericht, dessen Urteil mit dem Antrage angefochten wird, einen Aufschub der Vollstreckung anordnen (§§ 367, 360 StPO.). Die diesbezügliche Entscheidung des Gerichts ist, soferne sie nicht vom Obersten Landesgericht oder vom Reichsgericht getroffen worden ist, mit sofortiger Beschwerde anfechtbar (§ 372 StPO.).

Wird nach Wiederaufnahme des Verfahrens im neuen Urteil wieder auf Strafe erkannt, so muß selbstverständlich eine aus dem aufgehobenen Urteile bereits vollstreckte Strafe auf die neu erkannte in Anrechnung gebracht werden. Eines diesbezüglichen ausdrücklichen Ausspruches im neuen Urteile bedarf es nicht (cf. Löwe Anm. 4 zu § 373 StPO.).

C. Die Geldstrafe.

a) Sollstellung, Einhebung und zwangsweise Beitreibung einer Geldstrafe.

Hat eine rechtskräftige Entscheidung auf Geldstrafe und nur im Uneinbringlichkeitsfalle auf Freiheitsstrafe oder an Stelle einer Freiheitsstrafe auf Geldstrafe erkannt (§§ 27 ff. StGB.), so steht dem Verurteilten kein Wahlrecht zwischen Geld- und Freiheitsstrafe zu. Er kann sich nicht die Strafe aussuchen, die ihm gerade nach seinen persönlichen Verhältnissen als das kleinere Strafübel dünkt. Die gegen ihn primär erkannte Geldstrafe ist von ihm in erster Linie beizutreiben (§ 28 a StGB.).

Die Sollstellung, Einhebung und zwangsweise Beitreibung der Geldstrafen wird nach der Bekanntmachung des Staatsministeriums der Finanzen vom 20. Juni 1915 zum Vollzuge des RGK. und des Kostengesetzes vom 21. August 1914 (GVBl. 1915 S. 156 ff.) und nach der weiteren Bekanntmachung der Staatsministerien der Justiz und der Finanzen über die Beitreibung der Geldstrafen vom 14. November 1927 (GVBl. 1927 S. 354 ff.) vollzogen.

Bei den Amtsgerichten obliegt sie mit Ausnahme der Forstrügesachen (Art. 179 und 181 des Forstgesetzes) dem mit der Behandlung des Strafkostenwesens betrauten Urkundsbeamten der Geschäftsstelle. Im übrigen erfolgt die Sollstellung durch den Urkundsbeamten der ersten Instanz, die Beitreibung aber und die Vollstreckung der Geldstrafen durch das Finanzamt, in dessen Bezirk das Gericht erster Instanz seinen Sitz hat (Ziff. 1 der Bekanntmachung vom 14. November 1927 und § 80 Abs. III der Bekanntmachung vom 20. Juni 1915).

Wird eine Geldstrafe ohne weiteres bezahlt, — die Bezahlung der Geldstrafe kann, wenn diese nicht zu Soll gestellt ist, seit 1. April 1929 nach der Kostenmarkenordnung der Staatsministerien der Justiz und der Finanzen vom 11. März 1929 (JMBl. 1929 S. 9 ff.) auch in Kostenmarken erfolgen — so hat es dabei sein Bewenden. Hier ist zu bemerken, daß ein auf Strafe und Kosten ohne weitere Ausscheidung gezahlter Betrag mangels gesetzlicher Vorschriften (cf. Forstgesetz Art. 184) den berechtigten Interessen des Verurteilten entsprechend in erster Linie auf die Strafe anzurechnen ist (cf. autographierte Entschließung des bayerischen Finanzministeriums vom 23. August 1892 Nr. 14657).

Oberster Grundsatz ist nach der Bekanntmachung vom 14. November 1927 Ziff. 1, daß bei dem Beitreibungsverfahren der Weg gewählt werden muß, der am raschesten zum Ziele führt und möglichst wenig Kosten verursacht, wobei unnötige, zeitraubende und kostspielige Beitreibungsversuche unterbleiben sollen.

In Verfolgung dieses Grundsatzes und gestützt auf § 28 a Abs. II StGB. werden von vornherein — dies gilt nicht für Forstrügesachen (Ziff. 86 III der Bekm. vom 20. Juni 1915) —

Geldstrafen als uneinbringlich behandelt, wenn feststeht, daß sie aus dem Vermögen des Pflichtigen nicht beigetrieben werden können. Bei amtsbekannter oder nach den Verhältnissen zu vermutender Vermögenslosigkeit des Pflichtigen kann der Beamte der Geschäftsstelle mit Zustimmung der Strafvollstreckungsbehörde von der Einstellung der Strafe in das Einzugsregister Abstand nehmen. Auch die Aufnahme in ein besonderes Verzeichnis (vergl. Ziff. 86 der Bekm. vom 20. Juni 1915 und § 78 VfStrG.) kann unterbleiben, wenn ein entsprechender Vermerk in die Akten aufgenommen wird (Ziff. 7 der Bekm. vom 14. November 1927).

Ist der Bestrafte nicht, wie eben ausgeführt, vermögenslos, so wird die Strafe zu Soll gestellt und kann nach fruchtlosem Ablauf der ihm gestellten Zahlungsfrist sofort die Zwangsvollstreckung gegen ihn eingeleitet werden. Sie erfolgt auf Grund eines mit der Vollstreckungsklausel versehenen Ausstandsverzeichnisses; die Vollstreckungsklausel wird der Urschrift des Ausstandsverzeichnisses beigefügt.

Soweit die Zwangsvollstreckung nicht den Gerichten zugewiesen ist, beauftragt der Beamte der Geschäftsstelle mit ihrer Ausführung den für den Schuldner zuständigen Gerichtsvollzieher schriftlich und zwar auch (ohne Rechtshilfe) den Gerichtsvollzieher eines anderen Landes (§ 160 GVG.).

Gerichte, Staatsanwaltschaften und Urkundsbeamte können wegen Erteilung eines Auftrags an einen Gerichtsvollzieher die Mitwirkung des Urkundsbeamten des Amtsgerichts in Anspruch nehmen, in dessen Bezirk der Auftrag ausgeführt werden soll. Der von dem Urkundsbeamten beauftragte Gerichtsvollzieher gilt als unmittelbar beauftragt (§ 161 GVG.).

Soweit die Zwangsvollstreckung den Gerichten überwiesen ist und nicht die Zwangsvollstreckung in das unbewegliche Vermögen in Frage steht, kann der Beamte der Geschäftsstelle die notwendigen Anträge unmittelbar bei dem zuständigen

Gericht (auch an das Gericht eines anderen Landes) stellen; (z. B. Antrag auf Forderungs- und Gehaltspfändung, Offenbarungseidleistung etc.). — § 160 GVG. — Der § 161 GVG. findet hier keine Anwendung.

Soweit die Zwangsvollstreckung in das unbewegliche Vermögen überhaupt zulässig ist, (z. B. bei Sicherungshypotheken Mindestgrenze 500 *RM* gemäß § 866 ZPO.) entscheidet darüber, ob sie beantragt werden soll, die Strafvollstreckungsbehörde im Benehmen mit dem Landesfinanzamte, Zweigstelle für bayer. Angelegenheiten. Wenn der Beamte der Geschäftsstelle die Zwangsvollstreckung in das unbewegliche Vermögen für angängig hält, benachrichtigt er davon unverzüglich die Strafvollstreckungsbehörde (cf. Bekanntmachung vom 14. November 1927 Ziffer 5 und 6).

Die Eintragung einer Sicherungshypothek kann nicht als Vollstreckung gelten. Sie kommt nur als eine vorläufige Sicherungsmaßregel in Betracht, der die Durchführung der Vollstreckung in das unbewegliche Vermögen erst nachfolgt.

Ist gegen den Bestraften die Vollstreckung in das bewegliche oder unbewegliche Vermögen eingeleitet worden, so kann von diesen Maßregeln natürlich wieder Abstand genommen werden, wenn im weiteren Verlaufe des Strafvollstreckungsverfahrens sich die Gewißheit ergibt, daß die Vollstreckung ergebnislos sein wird.

Nach § 63 KO. können Geldstrafen im Konkursverfahren nicht geltend gemacht werden. Es ist sohin mit Eröffnung eines Konkurses die Uneinbringlichkeit der Geldstrafe als gegeben zu erachten; (anders im Nachlaßkonkurs, in welchem gemäß § 86 der KO. auch die gegen einen Erblasser erkannte Geldstrafe geltend gemacht werden kann).

Die Vollstreckung der Geldstrafe erfolgt nach § 463 StPO. nach den Vorschriften über die Vollstreckung der Urteile der Zivilgerichte, das heißt nach der ZPO.; doch ist, wie sich aus dem bereits Angeführten ergibt, für die Vollstreckung keine vorherige oder gleichzeitige Urteils- oder Beschlußzustellung an den Bestraften erforderlich.

Über Anträge, Einwendungen und Erinnerungen gegen die Art und Weise der Zwangsvollstreckung insbesondere auch über Einwendungen Dritter entscheidet der Zivilrichter gemäß §§ 766, 771 ff. CPO. Auch das Beschwerdeverfahren richtet sich nach den Vorschriften der CPO.

Dagegen sind bei der Vollstreckung der Geldstrafen die Strafgerichte zur Entscheidung dann zuständig, wenn über die Auslegung eines Strafurteils Zweifel entstehen, oder wenn Einwendungen gegen die Zulässigkeit der Strafvollstreckung erhoben werden, z. B. weil die Geldstrafe bezahlt oder verjährt ist; (cf. Löwe Anm. 3 zu § 463 StPO.).

Geldstrafen, die den Rückfall begründen können, sind im Strafkostenregister dadurch hervorzuheben, daß mit farbiger Tinte oder Farbstift der Eintrag unterstrichen und in augenfälliger Weise der Buchstabe „R" beigefügt wird. Diese Geldstrafen sind mit besonderer Beschleunigung einzuheben oder beizutreiben. Von ihrer Einzahlung oder Beitreibung sowie dem Tage, an dem sie erfolgt ist, ist dem Staatsanwalt oder Amtsrichter als Vollstreckungsbehörde auf einem besonderen Blatte, das die Ziffer des Anzeigeverzeichnisses und den Betreff der Strafsache zu enthalten hat, sofort Mitteilung zu machen. Die Mitteilungen sind von der Strafvollstreckungsbehörde zu den Akten über das Strafverfahren zu nehmen; Bekanntmachung des Staatsministeriums der Justiz und des Innern vom 1. Mai 1924 über die Feststellung des Rückfalls (GVBl. 1924 S. 164).

Die Beitreibungsbehörde hat die Verurteilten, von denen die Geldstrafe nicht beigetrieben werden konnte, in besondere Verzeichnisse einzutragen und diese in Urschrift monatlich einmal der Strafvollstreckungsbehörde vorzulegen, die sie dann nach entsprechender Verfügung wieder zurückgibt.

b) Die Vollstreckung der Ersatzfreiheitsstrafe.

Ist die Geldstrafe von Anfang an uneinbringlich oder konnte sie nicht beigetrieben werden, so erfolgt die Vollstreckung der an die Stelle der Geldstrafe tretenden Freiheitsstrafe. Ist eine solche noch nicht festgesetzt, so erfolgt die Umwandlung nachträglich gemäß §§ 459, 462 StPO. (cf. Teil I Ziff. III b, s. Seite 8).

Die Umwandlung der Geldstrafe in eine Freiheitsstrafe erfolgt nach den Vorschriften des § 29 StGB.

Bei Verbrechen und Vergehen tritt an die Stelle einer uneinbringlichen Geldstrafe Gefängnis, oder, wenn neben der Geldstrafe auf Zuchthaus erkannt wird, Zuchthaus; bei Übertretungen Haft. Auch bei Vergehen kann die Geldstrafe in Haft umgewandelt werden, wenn Geldstrafe allein oder an erster Stelle oder wahlweise neben Haft angedroht ist.

Die Umwandlung einer neben Gefängnisstrafe erkannten Geldstrafe in Zuchthaus findet nicht statt, wenn die Gefängnisstrafe gemäß § 74 StGB. im Wege der Erhöhung einer Zuchthausstrafe in diese eingeschlossen wird (cf. Olshausen Anm. 9 zu § 29 StGB.).

Die Dauer der Ersatzfreiheitsstrafe ist mindestens ein Tag und bei Gefängnis und Zuchthaus höchstens ein Jahr, bei Haft höchstens sechs Wochen. Ist neben der Geldstrafe wahlweise Freiheitsstrafe von geringerer Höhe angedroht, so darf die Ersatzfreiheitsstrafe deren Höchstmaß nicht übersteigen. Im übrigen richtet sich das Maß der Ersatzfreiheitsstrafe nach freiem Ermessen des Gerichts.

In den Fällen des § 27 b StPO. ist Ersatzstrafe die verwirkte Freiheitsstrafe.

Sehr häufig — insbesondere bei bewilligten Ratenzahlungen — kommt der Fall vor, daß von der erkannten Geldstrafe ein letzter, nicht mehr einem ganzen Tag Ersatzfreiheitsstrafe entsprechender Restbetrag nicht mehr bezahlt wird. Zum Beispiel A ist an Stelle einer Gefängnisstrafe von 10 Tagen zu einer Geldstrafe von 600 *RM* (für den Tag 60 *RM*) verurteilt worden. Er hat einen Betrag von 550 *RM* bezahlt, der Rest von 50 *RM* ist von ihm nicht mehr zu erhalten. Wie steht es hier mit der Vollstreckung?

Weder das Strafgesetzbuch noch die Strafprozeßordnung enthält eine Bestimmung, wie in einem solchen Fall zu verfahren ist. Es muß daher die Lücke in der Gesetzgebung im Wege der Gesetzesauslegung ergänzt werden. Verwendbar ist dabei natürlich nur die Ansicht, die einerseits mit dem Gesetze und dem im Urteile ausgesprochenen Willen des Gerichts nicht im Widerspruch steht, andererseits aber auch dem Verurteilten weder zum Vorteil gereicht, noch offenbare Nachteile zufügt. Es ist demnach zu erwägen, welche von den verschiedenen nachfolgend aufgeführten, in der Praxis von einzelnen Strafvollstreckungsbehörden geübten Methoden dem oben dargelegten in einer Reihe von oberstrichterlichen Entscheidungen (cf. BayObLG. Bd. 13 S. 106 oben) anerkannten Grundsatz am meisten entspricht.

Zahlreiche Vollstreckungsbehörden vollstrecken die Strafen ohne Rücksicht auf die geleistete, einem Tag Ersatzfreiheitsstrafe nicht entsprechende Teilzahlung. Diese Handlungsweise ist offenbar unbillig. Sie bringt dem Beschuldigten Nachteile; es gibt wohl auch keinen Rechtstitel für den Einbehalt des von dem Bestraften neben der Verbüßung bezahlten Betrages. Es würde schließlich auch, um bei dem eingangs angeführten Beispiel zu bleiben, ein Bestrafter, der an Stelle einer verwirkten Freiheitsstrafe von 10 Tagen zur Geldstrafe von 600 *RM* verurteilt wurde und von dieser 550 *RM* bezahlt hat, behandelt werden wie einer, der an Stelle einer Freiheitsstrafe von 10 Tagen zu 600 *RM* und 10 *RM* also zusammen zu 610 *RM* verurteilt wurde, was zweifellos dem im Urteile ausgesprochenen Willen des Gerichts nicht entspricht.

Andere Vollstreckungsbehörden wiederum verfahren in der Weise, daß sie den Bestraften den, wenn ich mich kurz so ausdrücken darf, nicht bezahlten Tag verbüßen lassen und ihm vor oder nach der Verbüßung des Tages den zuviel bezahlten Restbetrag zurückvergüten. Dieses Verfahren wird von verschiedenen oberstrichterlichen Urteilen (cf. die oben bezeichnete BayObLG. Entsch. vom 4. März 1913) gebilligt. Ich halte aber auch dieses Verfahren für unrichtig. Der Bestrafte kann nach § 29 StGB. die Freiheitsstrafe zweifellos soweit abwenden, als er die Geldstrafe bezahlt. Soweit er bezahlt, tilgt er die Freiheitsstrafe und ein bereits durch Bezahlung getilgter Teil der Freiheitsstrafe kann nicht durch die Rückzahlung eines Geldbetrages wieder aufleben (cf. Lindemann im Recht Bd. 8 S. 442).

Dem im Urteil ausgesprochenen Willen des Gerichts würde am meisten entsprechen, dem Verurteilten keinen unverdienten Vorteil verschaffen und ihm auch keinen Schaden zufügen, würde die Vollstreckung des dem geschuldeten Restbetrage entspechenden Teiles der Ersatzfreiheitsstrafe erfolgen.

Hiegegen wird rechtlich eingewendet, daß nach § 29 StGB. die Dauer einer Ersatzstrafe mindestens einen Tag betragen müsse, ein Satz, der nicht nur für das erkennende Gericht, sondern auch für die Strafvollstreckung gelte. Würde man sich aber über dieses rechtliche Bedenken hinwegsetzen und der Ansicht sein, daß die genannte Bestimmung des § 29 StGB. nur für die Straffestsetzung, nicht aber für die Strafvollstreckung gälte, so würde der Vollzug nach Tagesbruchteilen zu wunderlichen Konsequenzen führen. Der Bestrafte wäre in der Lage, durch immer wieder erfolgende Zahlungen einer Teilsumme, immer wieder einen Teil des Restes zu erledigen, es müßte, wenn immer eine Zahlung geleistet wird, immer wieder eine neue Strafzeitberechnung erfolgen, was für die Strafvollstreckung und die Strafvollzugsbehörden die größten Unzuträglichkeiten mit sich bringen würde, und diesen nicht zugemutet werden kann.

So bleibt denn der eine Weg, den hauptsächlich preußische Behörden gehen, daß der zu vollstreckende Tagesbruchteil überhaupt nicht vollstreckt wird. Er entspricht zwar auch nicht dem Urteilssatz, aber er dürfte doch der einfachste und insbesondere rechtlich unantastbarste sein.

Das Reichsgericht hat selbst schon ausgesprochen, daß, wenn eine Gesamtstrafe aus zwei Strafen zu bilden wäre, von denen die eine in einem Tag Gefängnis besteht, von der Erhöhung der schwersten Einsatzstrafe abzusehen ist.

Des ferneren hat es auch erkannt, daß, wenn der im Urteil einer eintägigen Gefängnisstrafe gleichgestellte Betrag in der festgesetzten Höhe der Geldstrafe nicht glatt aufgeht (z. B. 500 *RM* Geldstrafe, für je 15 *RM* ein Tag Gefängnis), nur so viel Tage Gefängnis substituiert werden können, als voll in der Summe enthalten sind, während zugunsten des Angeklagten der überschießende Geldbetrag wegfällt und nicht in Freiheitsstrafe umgewandelt werden kann; (cf. RGSt. Bd. 16 S. 159; Bd. 30 S. 141 und Goltd. Arch. Bd. 46 S. 46). Das Reichsgericht hat somit wiederholt anerkannt, daß es Fälle geben kann, in denen es der Strafrechtspflege wie dem Sinne der Vorschriften für die Strafvollstreckung durchaus nicht zuwiderläuft, wenn ein Teil einer erkannten Strafe unvollstreckt bleibt; (cf. hier auch: „Das Recht", 8. Jahrgang, 1904 S. 442).

Erfolgt wegen eines einem Tage nicht mehr entsprechenden Geldstrafenrestes, wie eben dargetan, überhaupt keine Vollstreckung, so hat der Bestrafte die Möglichkeit, durch Bezahlung eines geringen Teiles der noch bestehenden Reststrafe, den Rest überhaupt nicht mehr bezahlen und büßen zu müssen. Dem könnte aber meines Erachtens dadurch gesteuert werden, daß durch Verwaltungsanordnungen den zuständigen Einhebebehörden die Annahme eines, einem Tag Freiheitsstrafe nicht entsprechenden Teilbetrages, nicht gestattet oder den hiefür zuständigen Behörden aufgegeben wird, Teilzahlungen in Raten, die nicht mindestens einen Tag Freiheitsstrafe tilgen, nicht zu bewilligen (cf. hier übrigens auch Dittrich in ZfRpfl. 1929 S. 122).

Wenn trotz Feststellung der Uneinbringlichkeit einer Geldstrafe mit der Möglichkeit zu rechnen ist, daß der Verurteilte die Vollstreckung der an die Stelle der Geldstrafe tretenden Freiheitsstrafe durch die Zahlung der Geldstrafe abwendet, kann dem Verurteilten die Ladung zum Strafantritt der Kostenersparnis wegen zunächst durch einfachen Brief mitgeteilt werden. Wird aber in einem solchen Fall der Erlaß eines Haftbefehls oder eines Vorführungsbefehls zum Zwecke der Strafvollstreckung notwendig, so wird dem Verurteilten die Ladung zum Strafantritt zuvor noch förmlich zugestellt (§ 90 VfStrE.).

Erfolgt bei der Einzugs- und Beitreibungsbehörde nach Einleitung der Vollstreckung der Ersatzfreiheitsstrafe noch eine Bezahlung oder teilweise Bezahlung der Geldstrafe, so hat sie selbstverständlich hievon sofort der Strafvollstreckungsbehörde Mitteilung zu machen.

Ist eine Freiheitsstrafe an die Stelle einer uneinbringlichen Geldstrafe getreten, die neben einer in eine Gesamtstrafe einbezogenen Freiheitsstrafe ausgesprochen wurde, so richtet sich die Vollstreckung bei Beteiligung anderer Länder oder des Reichs nach der Justizministerial-Bekanntmachung vom 4. Juli 1900, abgedruckt im JMBl. 1900 S. 1015 (§ 80 III VfStrS.).

Die Vollstreckung der Ersatzfreiheitsstrafen selbst erfolgt im übrigen genau so wie die der gewöhnlichen Freiheitsstrafen. Der Verurteilte kann die Vollstreckung der Ersatzfreiheitsstrafe jederzeit dadurch abwenden, daß er den noch zu zahlenden Betrag der Geldstrafe entrichtet (§ 29 Abs. V StPO.).

c) Stundung, Ratenzahlung, Anordnung der Nichtvollstreckung, Niederschlagung, Strafaufschub, Gnadenerweise hinsichtlich der Geld- bezw. Ersatzfreiheitsstrafen.

Ist dem Verurteilten nach seinen wirtschaftlichen Verhältnissen nicht zuzumuten, daß er die Geldstrafe sofort zahlt, so hat ihm das Gericht eine Frist zu bewilligen oder ihm zu gestatten, die Strafe in bestimmten Teilbeträgen zu bezahlen; das Gericht kann diese Vergünstigung auch nach dem Urteil bewilligen. Es kann seine Entschließungen nachträglich ändern. Leistet der Verurteilte die Teilzahlungen nicht rechtzeitig oder bessern sich seine wirtschaftlichen Verhältnisse wesentlich, so kann das Gericht die Vergünstigung widerrufen. Auf die nach § 28 Abs. II des StGB. zu treffenden Entscheidungen findet § 462 StPO. Anwendung (§ 28 Abs. 3 StGB.).

Die Vollstreckung einer Freiheitsstrafe, die an Stelle einer uneinbringlichen Geldstrafe tritt, kann auf Anordnung des Gerichts unterbleiben, wenn die Geldstrafe ohne Verschulden des Verurteilten nicht eingebracht werden kann. § 462 StPO. findet Anwendung (§ 29 Abs. 6 StGB.). Diese Anordnung, die nicht an die Führung des Verurteilten gebunden und unwiderruflich ist, kann sich nur auf die Ersatzfreiheitsstrafe beziehen, nie auf die Geldstrafe selbst. Deshalb kann auch ihre Vollstreckung wieder aufgenommen werden, so lange nicht die Vollstreckungsverjährung eingetreten ist. Vor einer Anordnung nach § 29 Abs. 6 StGB. wird stets zu prüfen sein, ob nicht nach Lage des Falles die Stundung der Geldstrafe, die Gestattung von Teilzahlungen, die Bewilligung einer Bewährungsfrist für die Ersatzstrafe oder die bedingte Strafaussetzung vorzuziehen ist; (cf. Bekanntmachung des Staatministeriums der Justiz zum Geldstrafengesetz vom 27. April 1923 Nr. 21683, JMBl. 1923 S. 19).

Art. VII Abs. 3 der Verordnung über Vermögensstrafen und Bußen vom 6. Februar 1924 (RGBl. 1924 Teil I S. 44), wonach bei der Umrechnung weniger als eine Goldmark betragende Vermögensstrafen und Bußen niedergeschlagen werden, hat jetzt fast keine praktische Bedeutung mehr.

Das Strafgesetzbuch schaltet Anordnungen der mit dem Begnadigungsrechte ausgestatteten Verwaltungsbehörden, die auf Berücksichtigung der gleichen Art hinzielen, nicht aus. Geldstrafen können im Gnadenwege gestundet und erlassen werden. Die Bezahlung der Geldstrafen in Raten kann angeordnet und Strafaufschub bezüglich der Ersatzfreiheitsstrafe bewilligt werden. Die Ersatzfreiheitsstrafe kann bedingt oder unbedingt erlassen werden. Immerhin aber haben die Verwaltungsbehörden, soferne nicht der Verurteilte selbst ausdrücklich Erledigung durch diese Behörde begehrt, dem Gericht den Vorrang zu lassen (Ziff. 5 der obengenannten Justizministerial-Bekanntmachung vom 27. April 1923).

Soweit nach § 28 StGB. das Gericht einem Verurteilten zur Zahlung einer Geldstrafe eine Frist bewilligen oder die Zahlung in Teilbeträgen gestatten kann, wird über Gesuche seine Entscheidung herbeigeführt, es sei denn, daß aus besonderen Gründen z. B. wegen der Verbindung des Gesuches mit einem Gesuch um Aufschub der Vollstreckung einer Freiheitsstrafe, die Entscheidung durch die Strafvollstreckungsbehörde, den Generalstaatsanwalt oder den Oberstaatsanwalt zweckmäßig ist (§ 62 BegnVorschr.).

Wird ein Gesuch um Rückerstattung einer schon gezahlten Geldstrafe bei einer Justizbehörde eingereicht, so gibt sie es an die Finanzbehörde ab. Dasselbe gilt für Gesuche, die sich auf die Kosten des Strafverfahrens oder der Strafvollstreckung beziehen. Wird ein solches Gesuch mit einem in die Zuständigkeit der Justizbehörden fallenden Gesuch verbunden, so wird es nach dessen Erledigung mit den Akten der Finanzbehörde übersandt (§ 81 BegnVorschr.).

D. Nebenstrafen, polizeiliche Maßnahmen und Privatgenugtuungen.

Anordnungen der in der Überschrift aufgeführten Art, deren Abgrenzung übrigens in manchen Fällen sehr bestritten ist, interessieren hier nur, soweit sie einer Tätigkeit der Vollstreckungsbehörde bedürfen.

Die Anordnung und Ausführung der vom Gericht als zulässig erklärten polizeilichen Maßregeln (Polizeiaufsicht, Überweisung an die Landespolizeibehörde, Schließung von Anstalten und dgl.) obliegt den Polizeibehörden. Ihnen machen die Strafvollstreckungsbehörden unverzüglich die erforderlichen Mitteilungen (siehe Bekanntmachung vom 11. Mai 1880, die Verweisung von Ausländern aus dem Reichsgebiet betreffend, JMBl. S. 151 und Nr. II der Bekm. vom 28. März 1891, Festsetzung der korrektionellen Nachhaft betreffend, JMBl. 1891 S. 68).

Für die Vollstreckung der richterlichen Anordnung, daß ein Urteil oder ein Strafbefehl öffentlich bekanntzumachen sei, sorgt die Strafvollstreckungsbehörde. Sie überwacht den Vollzug.

Liegt in den Fällen des § 200 StGB. mit Rücksicht auf die Stellung der beleidigten Behörde oder des beleidigten Beamten, Geistlichen oder Angehörigen der Reichswehr oder wegen der Art und der Umstände der Beleidigung die öffentliche

Bekanntmachung der Verurteilung im öffentlichen Interesse, so kann die Strafvollstreckungsbehörde auf Antrag des Beleidigten die öffentliche Bekanntmachung selbst veranlassen. Die hierdurch entstehenden Kosten werden rechnerisch als Untersuchungs- und Strafvollstreckungskosten behandelt (§ 93 VfStrG.).

Eingezogene Sachen, die sich in gerichtlichem Gewahrsam befinden, übersendet die Strafvollstreckungsbehörde unmittelbar nach Eintritt der Rechtskraft der Entscheidung der Finanzbehörde. Bestehen Bedenken dagegen, daß die Sachen in den Verkehr gebracht werden, so weist sie bei der Übersendung besonders darauf hin.

Schriften, Abbildungen und Darstellungen, auf deren Einziehung oder Unbrauchbarmachung rechtskräftig erkannt ist, werden ohne Rücksicht auf ihren Inhalt der Polizeidirektion München übersandt; (Bekm. vom 20. Dezember 1921, die Einziehung von Schriften, Abbildungen und Darstellungen betreffend, JMBl. 1922 S. 10).

Ist wegen Steuer- oder Abgabenhinterziehung oder sonstiger Vergehen auf Verfallerklärung oder auf Einziehung von Gegenständen zugunsten des Reichs erkannt worden, so übersendet die Strafvollstreckungsbehörde die zu Gerichtshanden gekommenen eingezogenen Vermögenswerte dem Finanzamt zur Verwertung und Abführung des Erlöses an die zuständige Reichskasse. Sie teilt dabei dem Finanzamt eine Abschrift des erkennenden Teils der Entscheidung sowie eine Aufstellung mit, die Angaben enthält über:

1. die Behörde, die die Anzeige zur Strafverfolgung bewirkt hat,
2. das erkennende Gericht, den Tag des Erlasses der rechtskräftig gewordenen Entscheidung und das angewendete Strafgesetz,

3. den oder die Verurteilten (nähere Bezeichnung),
4. Art und Betrag der eingezogenen Vermögenswerte.

Wegen der Behandlung der auf Grund der Devisengesetzgebung zugunsten des Reichs eingezogenen Vermögenswerte wird auf die Bekanntmachung vom 20. Januar 1925 über Behandlung der auf Grund der Devisengesetzgebung strafgerichtlich zugunsten des Reichs eingezogenen Vermögenswerte betreffend (JMBl. 1925 S. 22) verwiesen.

Befinden sich eingezogene Sachen in militärischen Gebäuden, so werden die Militärbehörden um Beistandsleistung ersucht (§ 94 VfStrG.).

In Kürze sei hier noch die Frage der Verjährung der Nebenstrafen, polizeilichen Maßnahmen und Privatgenugtuungen Erwähnung getan.

Nicht bedürfen einer Vollstreckung, weil ihre Wirkungen mit der Rechtskraft des Urteils von selbst eintreten, und unterliegen deshalb auch keiner Verjährung:

1. der dauernde und zeitige Verlust der bürgerlichen Ehrenrechte (§ 32 StGB.),
2. die Unfähigkeit zur Bekleidung öffentlicher Ämter (§§ 35, 128, 129 und 358 StGB.),
3. der Verlust der bekleideten öffentlichen Ämter, sowie der aus öffentlichen Wahlen hervorgegangenen Rechte (§§ 81, 83, 84, 87—91, 210a StGB.),

wobei zu bemerken ist, daß ihre Zeitdauer von dem Tage berechnet wird, an dem die Freiheitsstrafe, neben welcher die Aberkennung ausgesprochen wurde, verbüßt, verjährt oder erlassen ist (§ 36 StGB.). Auch bei bedingtem Straferlaß beginnt der Lauf der besagten Zeit erst mit dem endgültigen Erlaß der Strafe.

Bei der Begnadigung eines die Strafe eben Verbüßenden ist die Strafe erst mit der Entlassung aus der Haft, nicht mit dem Datum der Begnadigung erlassen; (cf. Olshausen Anm. 4 zu § 36 StGB.).

Rein polizeiliche Maßnahmen und solche rein privaten Charakters (Privatgenugtuungen) sind keine Strafen, es kann deshalb auch der § 70 StGB. auf sie keine Anwendung finden und gibt es für sie auch keine Verjährung der Vollstreckung.

Die Polizeiaufsicht ist zweifellos noch nach der Verjährung der Freiheitsstrafe zulässig (§ 38 Abs. 3 StGB.); dagegen ist die Überweisung an die Landespolizeibehörde nach § 362 StGB. nur nach verbüßter Strafe, nicht aber nach verjährter Strafvollstreckung möglich.

Die Befugnis öffentlicher Bekanntmachung des Strafurteils wird an sich immer an eine bestimmte Frist gebunden, nach deren Ablauf die Veröffentlichung nicht mehr gestattet ist.

Soweit die Maßnahmen privaten Charakters in einen Vermögensanspruch sich umsetzen, muß, da der rechtskräftig zuerkannte Bußeanspruch lediglich, wie jeder andere Vermögensanspruch, geltend zu machen ist, angenommen werden, daß er als „rechtskräftig festgestellter Anspruch" nach BGB. § 218 in 30 Jahren verjährt (vergl. über die oben besprochene Verjährungsfrage Olshausen Anm. 5 und 6 zu § 70 StGB.).

Für Gnadengesuche, die Nebenstrafen oder durch Strafurteil oder Strafbefehl angeordnete öffentlich-rechtliche Maßnahmen und Straffolgen betreffen, gelten die Vorschriften der Begnadigungsverordnung, soweit nicht einzelne davon nach ihrem Inhalt unanwendbar sind (§ 77 BegnVorschr.).

Wird ein Gesuch um Freigabe eines eingezogenen Gegenstandes oder um Unterlassung der angeordneten Vernichtung oder Unbrauchbarmachung bei einer Justizbehörde eingereicht, so gibt sie es an die Finanzbehörde ab. Wird ein solches Gesuch mit einem in die Zuständigkeit der Justizbehörden fallendem Gesuch verbunden, so wird es nach dessen Erledigung mit den Akten der Finanzbehörde übersandt. Wird gebeten, daß der gerichtliche Ausspruch auf Zulässigkeit der Polizeiaufsicht oder auf Überweisung an die Landespolizeibehörde nicht vollzogen wird, so wird das Gesuch an die zuständige Polizeibehörde abgegeben (§ 81 BegnVorschr.).

Dritter Teil.

Strafvollstreckung gegen Jugendliche, Minderjährige und Militärpersonen, die Vollstreckung von Forst-, Steuer- und Zollstrafen, die Vollstreckung von Ordnungsstrafen.

A. Die Strafvollstreckung gegen Jugendliche und Minderjährige.

Ein Jugendlicher ist, wer über 14, aber noch nicht 18 Jahre alt ist (§ 1 JGG.).

Minderjährig ist, wer zwischen 18 und 21 Jahren steht (§ 17 Abs. II JGG.).

Bei der Verurteilung von Jugendlichen muß vor der Vollstreckung der Freiheitsstrafe darüber Entscheidung getroffen sein, ob die Strafe vollstreckt oder ihre Vollstreckung unter Bewilligung von Probezeit ausgesetzt werden soll (§§ 10, 12, 13, 15 JGG.).

Ist in erster Linie auf eine Geldstrafe und erst für den Fall ihrer Uneinbringlichkeit auf eine Freiheitsstrafe erkannt worden, so kann die Entscheidung über die Vollstreckung der Ersatzstrafe nicht schon im Urteil, im Strafbefehle oder Strafbescheide ausgesprochen werden. Erst, wenn die Uneinbringlichkeit der Geldstrafe feststeht, ist beschlußmäßig zu entscheiden, ob die Vollstreckung der Ersatzfreiheitsstrafe ausgesetzt werden soll oder nicht (§§ 14, 11, 12, 13, 39 und 40 JGG.).

Während der Probezeit ruht die Verjährung der Strafvollstreckung (§ 12 Abs. 3 JGG.).

Neben der eben erwähnten Aussetzung der Vollstreckung einer Freiheitsstrafe auf Grund freier richterlicher Befugnis gibt es selbstverständlich noch den bedingten oder unbedingten Straferlaß im Gnadenwege. Doch sind in Strafsachen, in denen die Gerichte nach §§ 10 ff. JGG. die Strafvollstreckung aussetzen können, diese nicht ermächtigt, Strafen und Strafreste auf Probezeit bedingt zu erlassen. Der bedingte Straferlaß für Jugendliche ist dem Staatsministerium der Justiz vorbehalten (§ 25 BegnVorschr.).

Bei jeder Verurteilung eines Minderjährigen zu einer Zuchthausstrafe hat die Staatsanwaltschaft zu prüfen, ob nicht die Milderung der Strafe in eine Gefängnisstrafe nach Lage des Falles möglich und mit Rücksicht auf die Persönlichkeit des Verurteilten angebracht ist und gegebenen Falles mit größter Beschleunigung einen entsprechenden Gnadenerweis anzuregen; Bekanntmachung des Staatsministeriums der Justiz vom 14. Januar 1929 Nr. 58258 über die Vollstreckung von Strafen gegen Minderjährige zwischen 18 und 21 Jahren im BayerStA. Nr. 12 vom 15. Januar 1929.

Über den Strafvollzug gegen einen Jugendlichen selbst schreibt § 16 JGG. vor:

„Der Strafvollzug gegen einen Jugendlichen ist so zu bewirken, daß seine Erziehung gefördert wird.

Beim Vollzuge der Freiheitsstrafen werden Jugendliche von erwachsenen Gefangenen vollständig getrennt gehalten.

Freiheitsstrafen von einem Monat oder mehr sollen in besonderen, ausschließlich für Jugendliche bestimmten Anstalten oder Abteilungen von Anstalten vollstreckt werden.

Verbüßt ein Jugendlicher in einer besonderen Anstalt oder in einer besonderen Abteilung einer Anstalt eine Freiheitsstrafe, so kann er mit Genehmigung der Aufsichtsbehörde bis zur Vollendung des 21. Lebensjahres in der Anstalt oder in der Abteilung verbleiben. Das Weitere über den Strafvollzug bestimmt die Reichsregierung mit Zustimmung des Reichsrats; dabei ist auf eine Mitwirkung des Jugendamts bei dem Strafvollzuge Bedacht zu nehmen."

Ausführungsbestimmungen der Reichsregierung sind nicht ergangen. Sie sind durch die „Grundsätze, für den Vollzug gerichtlich erkannter Freiheitsstrafen", wie sie der Bundesrat am 28. Oktober 1897 beschlossen hat, (Zentralblatt für das Deutsche Reich 1897, S. 308) und die Dienst- und Vollzugsordnungen der Länder überflüssig geworden. Für Bayern ordnet § 91 VfStrG. an:

„Wegen der Strafvollstreckung gegen Jugendliche wird auf § 16 JGG. §§ 187 ff. DVO. und auf die bestehenden besonderen Vorschriften über die Einweisung hingewiesen. Bei der Vollstreckung einer Freiheitsstrafe gegen einen nicht verhafteten Minderjährigen gibt die Strafvollstreckungsbehörde dem gesetzlichen Vertreter des Verurteilten von dessen Ladung zum Strafantritt Kenntnis mit der Aufforderung, dafür zu sorgen, daß der Verurteilte die Strafe rechtzeitig antritt.

Hat ein jugendlicher Verurteilter eine Gefängnisstrafe in einer Gefangenenanstalt oder ein Minderjähriger über 18 Jahre eine Gefängnisstrafe in einer Abteilung für Minderjährige zu verbüßen, so übersendet die Strafvollstreckungsbehörde der Gefangenenanstalt außer den Strafvollstreckungspapieren (§ 85 Abs. I) stets auch die Akten über das Strafverfahren."

Die neuesten Einweisungsbestimmungen für Jugendliche und Minderjährige finden sich in den §§ 15, 21, 22 der Bekanntmachung des Staatsministeriums der Justiz über den Einweisungsplan für die bayer. Strafanstalten und Gerichtsgefängnisse vom 27. April 1927, (JMBl. 1927, S. 20 ff.) und in der Bekanntmachung des Staatsministeriums der Justiz gleichen Betreffs vom 23. Oktober 1928 (BayerStA. vom 25. Oktober 1928 Nr. 248/28).

Die Strafvollstreckung aus den vom Jugendgericht erlassenen Entscheidungen steht dem Jugendrichter zu. Gegen die Entscheidung des Jugendrichters findet sofortige Beschwerde nach den Vorschriften der Strafprozeßordnung statt (§ 36 JGG).

Hat aber nicht das Jugendgericht sondern ein anderes Gericht im ordentlichen Verfahren auf Strafe erkannt, so regelt sich die Vollstreckung nach § 451 StPO.

Soweit die Strafvollstreckung in Jugendsachen auf Grund des Art. VI des Gesetzes zur Entlastung der Gerichte vom 11. April 1921 (RGBl. S. 229) einer Urkundsperson des Gerichts übertragen wird, ist bei der Regelung darauf Bedacht zu nehmen, daß trotz der Übertragung der Jugendrichter den Verurteilten während der Strafvollstreckung ständig im Auge hält (cf. Bekanntmachung des bayer. Staatsministeriums der Justiz vom 7. Mai 1923 zum Vollzuge des JGG.); (JMBl. 1923 S. 21, § 36).

Gegen Fürsorgezöglinge sollen Freiheitsstrafen nur nach Anhörung der Fürsorgeerziehungsbehörden vollstreckt werden. Die Fürsorgeerziehungsbehörde ist in Bayern das Jugendamt; (cf. § 37 JGG., § 3 Ziff. 4 des Reichsgesetzes für Jugendwohlfahrt vom 9. Juli 1922 RGBl. I S. 633), Art 30 II des bayerischen Gesetzes zur Ausführung des Reichsgesetzes für Jugendwohlfahrt (Jugendamtsgesetz). vom 20. Juli 1925 (GVBl. S. 211) und die bayerischen Vollzugsvorschriften zum

Reichsgesetze für Jugendwohlfahrt und zum bayerischen Jugendamtsgesetz vom 21. Dezember 1925 (GVBl. S. 279 ff).

Gegen Minderjährige, die sich in Fürsorgeerziehung oder auf Grund des § 362 Abs. III S. 2 StGB. oder der §§ 1666, 1838 BGB. in einer Erziehungs- oder Besserungsanstalt befinden, wird nach § 65 Abs. 5 der bayerischen BegnVorschr. soferne ihnen nicht Aussetzung der Strafvollstreckung nach §§ 10 ff. JGG. oder bedingter Straferlaß bewilligt werden kann, die Vollstreckung einer Freiheitsstrafe tunlichst bis nach Beendigung oder Aufhebung der Fürsorgeerziehung oder Entlassung aus der Anstalt aufgeschoben, wenn nicht das Jugendamt, dem die Durchführung der Fürsorgeerziehung obliegt oder der Vorstand der Erziehungs- oder Besserungsanstalt mit der sofortigen Strafvollstreckung einverstanden ist.

B. Die Strafvollstreckung gegen Militärpersonen.

Mit Gesetz vom 17. August 1920 (RGBl. 1920 S. 1579 ff.) wurde die Militärgerichtsbarkeit, abgesehen von den Strafverfahren in Kriegszeiten und gegen die an Bord von in Dienst gestellten Kriegsschiffen eingeschifften Angehörigen der Reichsmarine aufgehoben; § 1 des genannten Gesetzes.

Die Vollstreckbarkeitsbescheinigung gemäß § 451 StPO. erteilt, wenn das zu vollstreckende Urteil ein militärgerichtliches ist, die Urkundsperson des Landgerichts, in dessen Bezirk die Strafe vollstreckt wird.

Die bei der Strafvollstreckung notwendig werdenden gerichtlichen Entscheidungen (§§ 458 ff. StPO.) werden, wenn das der Strafvollstreckung zu Grunde liegende Urteil ein militärgerichtliches ist, gemäß § 462 StPO. von der Strafkammer des Landgerichts erlassen, in dessen Bezirk die Strafe vollstreckt wird (§ 23 des Gesetzes).

In allen Fällen, in denen die Vollstreckung militärgerichtlicher Strafen nach § 13 des Gesetzes vom 17. August 1920 auf die bürgerlichen Behörden übergegangen ist, sind die Geschäfte der Strafvollstreckungsbehörde von der Staatsanwaltschaft zu übernehmen, an die von dem bisher zuständigen Militärgericht oder Gerichtsherrn die Akten abgegeben werden, selbst wenn die Aburteilung zur Zuständigkeit der Schöffengerichte gehört haben würde. Die Ablehnung wegen örtlicher Unzuständigkeit ist unzulässig.

Die Übernahme der Strafvollstreckung hat zu erfolgen, sobald das Militärgericht die Vollstreckungspapiere übersandt oder sobald bei der Staatsanwaltschaft ein Gesuch eingeht, über das die Vollstreckungsbehörde zu entscheiden hat. Von der Übernahme der Strafvollstreckung ist der Verurteilte zu benachrichtigen, wenn die Strafvollstreckung schon begonnen hat. Eine in einer militärischen Strafanstalt bereits begonnene Vollstreckung einer Freiheitsstrafe kann mit Zustimmung der zuständigen Militärbehörde aus wichtigen Gründen in der Anstalt fortgesetzt werden, in der sich der Verurteilte befindet (Ziff. 5—7 der Justizministerial-Bekanntmachung zur Ausführung des Gesetzes betr Aufhebung der Militärgerichtsbarkeit vom 17. August 1920 vom 5. Oktober 1920 JMBl. 1920 S. 216).

Militärpersonen werden zum Strafantritt durch Ersuchen der Militärbehörde geladen. Diese sorgt auch für deren Vorführung, sofern die Vorzuführenden sich nicht in einer nichtmilitärischen Anstalt in Haft befinden oder von einer nichtmilitärischen Stelle vorläufig festgenommen sind.

Um die Vollstreckung einer Arreststrafe und einer sonstigen Freiheitsstrafe bis zu sechs Wochen kann die Strafvollstreckungsbehörde die Militärbehörde ersuchen, solange die verurteilte Militärperson der Reichswehr angehört. Stehen der Militärbehörde geeignete Räumlichkeiten nicht zur Verfügung oder wünscht sie aus anderen wichtigen Gründen die

Vollstreckung der Strafe in einer bürgerlichen Anstalt, so wird diesem Wunsche entsprochen.

Erkranken Strafgefangene, die dem Reichsheer angehören, während der Vollstreckung und ist ihre Behandlung in einem Krankenhaus erforderlich, so werden sie dem nächsten Reichswehrlazarett (München, Landsberg a. L., Grafenwöhr) und, wenn hiergegen wegen der Entfernung des nächsten Reichswehrlazarettes Bedenken bestehen, dem nächsten Zivilkrankenhaus zugeführt, in das auch Strafgefangene des Zivilstandes im Falle der Erkrankung aufzunehmen wären (§ 92 VfStrG.).

Die BegnVorschr. vom 31. Dezember 1927 finden nach ihrem § 78 auch auf die vor dem 1. Oktober 1919 erfolgten Verurteilungen Angehöriger des früheren bayerischen Kontingents des deutschen Heeres durch bayerische oder andere deutsche Militärgerichte Anwendung.

Bedingten Straferlaß bewilligt in diesen Fällen die Strafkammer des Landgerichts, in dessen Bezirk die Strafe vollstreckt wird oder teilweise vollstreckt wurde (§ 78 Begn.-Vorschr.).

Bei militärgerichtlichen Verurteilungen nach dem 30. September 1919 steht das Begnadigungsrecht dem Reichspräsidenten zu. Gesuche, die sich auf solche Verurteilungen beziehen, werden an die Militärbehörden abgegeben (§ 78 Begn.-Vorschr.).

Für die Frage der Aussetzung der Strafvollstreckung sind in der autographierten Entschließung des bayer. Staatsministeriums der Justiz vom 14. Oktober 1921 Nr. 49 990 betr. Strafvollstreckung in Militärstrafsachen im Benehmen mit dem Herrn Reichswehrminister und im Einverständnisse mit dem Büro des Reichspräsidenten folgende Richtlinien gegeben worden:

„Ist bereits ein Gnaden- oder Strafaufschubsgesuch abgelehnt worden, so wird bei neuen Gesuchen mit ganz besonderer Sorgfalt zu prüfen sein, ob das Gesuch trotz der bisherigen Ablehnung Aussicht auf Erfolg verspricht. Gesuche, die innerhalb 4 Monaten nach der ablehnenden Bescheidung eingereicht werden, werden grundsätzlich keinen Strafaufschub und keine Strafunterbrechung veranlassen können, wenn nicht ganz besonders wichtige neue Gnadengründe beigebracht sind. Bei Gesuchen, die nach Ablauf von 4 Monaten eingehen, werden die beigebrachten Gnadengründe gleichfalls streng zu prüfen sein; es ist in solchen Fällen aber nicht ausgeschlossen, daß nicht auch schon die bei einem früheren Gesuche beigebrachten Gnadengründe mit Rücksicht auf den Zeitablauf und sonstige Umstände eine andere Beurteilung erfahren können, so daß auch in solchen Fällen ein Strafaufschub angezeigt sein kann."

Ist der Verurteilte Angehöriger der Reichswehr, so wird stets das Wehrkreiskommando um Äußerung ersucht, ob sich ein Gnadenerweis mit der Aufrechterhaltung der Disziplin verträgt. Auch wenn der Verurteilte inzwischen aus der Reichswehr ausgeschieden ist, wird die Äußerung des Wehrkreiskommandos erholt, falls die Verurteilung wegen einer militärischen Straftat erfolgte, oder sonst eine Verletzung der dem Verurteilten obliegenden besonderen militärischen Dienstpflichten zum Gegenstand hatte (§ 8 III der BegnVorschr.).

Ein Gnadenerweis für einen Angehörigen der Reichswehr wird dem Wehrkreiskommando mitgeteilt (§ 16 IV der BegnVorschr.).

Die Strafhaft gegen einen Angehörigen der Wehrmacht darf nur unterbrochen werden, wenn bei Soldaten der nächste mindestens mit der Disziplinarstrafgewalt des Kommandeurs eines nicht selbständigen Bataillons ausgestattete militärische Vorgesetzte und bei Beamten der nächste mit Disziplinarstrafgewalt ausgestattete Verwaltungsvorgesetzte zustimmt. Wird die Strafe in einer bürgerlichen Anstalt vollzogen und befindet sich der zur Zustimmung nach Satz 1 dieses Absatzes zuständige Vorgesetzte nicht am Orte, so kann die Strafhaft in besonders dringenden Fällen ohne die Zustimmung auf höchstens eine Woche unterbrochen werden. Die Dienststelle des Verurteilten wird unverzüglich davon benachrichtigt.

Wird die Strafe in einer militärischen Anstalt außerhalb des Dienstsitzes des zuständigen Generalstaatsanwalts oder Oberstaatsanwalts vollzogen, so kann in besonders dringenden Fällen der zu der Zustimmung zuständige Vorgesetzte dem Verurteilten auf höchstens eine Woche Strafunterbrechung bewilligen. Er muß hiervon die Strafvollstreckungsbehörde unverzüglich benachrichtigen.

Werden marinegerichtlich erkannte Strafen auf Ersuchen des Gerichtsherrn als der Strafvollstreckungsbehörde in einer bayerischen Strafanstalt oder einem bayerischen Gerichtsgefängnis vollzogen, so ist zur Bewilligung einer Strafunterbrechung in der Regel nur der Gerichtsherr zuständig. Bei besonderer Dringlichkeit darf der Vorstand des Gerichtsgefängnisses Strafunterbrechung bewilligen. Der Gerichtsherr wird unverzüglich davon benachrichtigt (§ 23 BegnVorschr.).

Bei bedingtem Straferlaß wird in Militärstrafsachen besonders geprüft, ob nicht die militärischen Interessen entgegenstehen (§ 30 II BegnVorschr.). Das Wehrkreiskommando erhält auch Nachricht von dem bedingten Straferlaß für einen Angehörigen der Reichswehr (§ 54 II BegnVorschr.).

Soldaten wird in der Regel Strafaufschub bewilligt, wenn der militärische Vorgesetzte bestätigt, daß der Aufschub im Interesse der militärischen Ausbildung des Verurteilten liegt oder aus sonstigen militärischen Gründen geboten ist (§ 65 IV BegnVorschr.).

Alle Akten in Militärstrafsachen einschließlich der Personalakten der Bestraften sind auf dem Umschlag an deutlich sichtbarer

Stelle mit dem Vermerk „M. S." zu versehen; cf. Bekanntmachung des Staatsministeriums der Justiz, die Aufhebung der Militärgerichtsbarkeit betreffend vom 13. Januar 1926, (JMBl. 1926 S. 311).

Besondere Einzugsregister sind in Militärstrafsachen nicht mehr zu führen. Die Eintreibung und Vollstreckung von Militärstrafen findet nunmehr wie die anderer Strafen statt; (cf. Bekanntmachung des Staatsministeriums der Justiz vom 15. Januar 1929 Nr. 1776 über die Behandlung der Militärstrafsachen, BayerStA. vom 16. Januar 1929 Nr. 13).

Die Stellen, bei denen weggelegte militärgerichtliche Akten zu erholen sind, sind in Ziff. VI der obenerwähnten Bekanntmachung vom 13. Januar 1926 aufgeführt.

Die Akten des ehemaligen Bayerischen Kriegsministeriums, sämtlicher ehemaliger bayerischer Formationen und Kriegsformationen sowie die Gerichtsakten des bayerischen Teiles des Übergangsheeres bis zur Aufstellung des jetzigen 100000 Mann-Heeres sind zu erholen beim bayerischen Kriegsarchiv in München, Hofgartenstraße 1, welches auch Zweifel, welche Stelle zur Verwahrung militärgerichtlicher Akten zuständig ist, aufklärt. Akten, welche die Justizbehörden vom bayerischen Kriegsarchiv oder von den früheren Reichsarchivstellen München oder Würzburg zu vorübergehendem Gebrauch erhalten haben, sind nach dem Gebrauche ausnahmslos an das bayerische Kriegsarchiv in München abzugeben.

Die Justiz- und Polizeibehörden haben, bevor sie auf Grund der von militärischen Dienststellen vor dem 1. Oktober 1920 erlassenen Steckbriefe und Suchnachrichten irgend welche Maßnahmen ergreifen, sorgfältig zu prüfen, ob der Steckbrief oder die Suchnachricht noch Bedeutung hat. Dies gilt besonders, wenn auf Grund des Steckbriefes oder der Suchnachricht eine Verhaftung erfolgen soll.

Die Gerichte und Staatsanwaltschaften haben, wenn ihnen aus irgend einem Anlaß Akten vorgelegt werden, die von den früheren Militärgerichten übernommen worden sind, die Akten daraufhin zu prüfen, ob etwa Fahndungsmaßnahmen militärischer Dienststellen noch unerledigt sind, gegebenenfalls, ob sie noch Bedeutung haben. Je nach dem Ergebnis der Prüfung sind die Fahndungsmaßnahmen ausdrücklich zu erneuern oder zurückzunehmen; (Bekanntmachung der Staatsministerien der Justiz und des Innern vom 29. April 1924 Nr. 16456 über unerledigte Fahndungsmaßnahmen ehemaliger Militärgerichte und anderer militärischer Dienststellen, Bayer. StA. vom 30. April 1924 Nr. 100).

Streitig ist, was in diesem Zusammenhang noch berührt werden soll, ob Ordnungsstrafen nach § 178 des GVG. auch gegen Militärpersonen verhängt werden können. Die herrschende Meinung bejaht die Frage; (cf. Löwe Anm. 1 d zu § 78 des GVG.).

Zum Schlusse sei in Bezug auf Militärpersonen und hinsichtlich der Beitreibung von Geldstrafen noch auf §§ 380 (Ordnungsstrafe wegen Ausbleibens als Zeuge), 390 (Zeugniszwang), 752 (Beginn der Zwangsvollstreckung), 790 (Zwangsvollstreckung gegen Militärpersonen), 850 (unpfändbare Ansprüche), 904 (Unzulässigkeit der Haft), 905 (Unterbrechung der Haft), 912 (Haft bei Militärpersonen) der CPO. verwiesen.

C. Die Strafvollstreckung in Forstrügesachen.

Die Strafvollstreckung in Forstrügesachen ist geregelt in Art. 178 ff. des bayerischen Forstgesetzes vom 28. März 1852 bezw. 18. August 1879 in der Fassung der Bekanntmachung vom 4. Juli 1896 (GVBl. 1896 S. 325) und in Art. 86 ff. des revidierten Forststrafgesetzes für die Pfalz in der Fassung der Bekanntmachung vom 2. Oktober 1879 (GVBl. S. 1417), sowie in § 98 der VfStrG.

Sie wird sowohl in Ansehung der Strafe, als auch in Ansehung des Wert- und Schadenersatzes und der Kosten von Amts wegen betrieben und steht hinsichtlich der Haftstrafen dem Amtsgerichte und hinsichtlich der Geldstrafen, des Wert- und Schadensersatzes, sowie der Kosten, den Finanzämtern zu (Art. 178 und 179 des Forstgesetzes).

Kann die Zahlung nur teilweise beigetrieben werden, so geht das Bezahlte zuerst auf Rechnung der Kosten, hierauf des Wert-, sodann des Schadensersatzes und zuletzt der Geldstrafe (Art. 184 des Forstgesetzes).

Auch auf die Forststrafsachen finden die Begnadigungs-Vorschriften Anwendung. Begnadigungsgesuche behandelt der Amtsrichter (§ 5 der BegnVorschr.). Das Forstamt wird gehört (§ 8 Abs. 2 der BegnVorschr.). Dem Gnadenbericht ist ein Auszug aus dem Verzeichnis der bestraften Forstfrevler beizulegen (§ 13 VII der BegnVorschr.). Soweit in Forststrafsachen eine Mitwirkung der Staatsanwaltschaft nicht stattfindet, unterbleibt sie auch bei der Handhabung des bedingten Straferlasses durch die Gerichte. Das Gericht nimmt die erforderlichen Ermittlungen von Amts wegen oder auf Ersuchen des Forstamts vor. Es hört das Forstamt vor der Entscheidung über den bedingten Straferlaß und wegen der Frage, ob die Vollstreckung der Strafe angeordnet werden soll, vor Ablauf der Probezeit. Es gibt ihm von seinen Entscheidungen Kenntnis. Das Forstamt kann gerichtliche Entscheidungen anregen. Es hat an Stelle oder neben der Staatsanwaltschaft das Beschwerderecht nach § 43 der Begn.-Vorschr. (§ 48 BegnVorschr.).

Gesuche, die sich auf den Wert- oder Schadensersatz wegen Forstfrevels im Staatswald oder die Haftbarkeit für einen solchen Wert- oder Schadensersatz oder den Vollzug forstpolizeilicher Anordnungen beziehen, gibt die Justizbehörde an die Finanzbehörde ab. Wird ein solches Gesuch mit einem in die Zuständigkeit der Justizbehörde fallendem Gesuche verbunden, so wird es nach dessen Erledigung mit den Akten der Finanzbehörde übersandt. Gesuche, die sich auf den Wert- oder Schadensersatz wegen Forstfrevels in anderen Waldungen als Staatswaldungen beziehen, werden dem Antragsteller mit der Anheimgabe zurückgegeben, sich an den ersatzberechtigten Waldbesitzer zu wenden (§ 81 der BegnVorschr.).

D. Die Strafvollstreckung in Zoll- und Steuersachen sowie bei Verletzung der Vorschriften über öffentliche Abgaben und Gefälle etc.

Der dritte Abschnitt des 6. Buches der Reichsstrafprozeßordnung (§§ 419 ff.), der das Verfahren bei Zuwiderhandlungen gegen die Vorschriften über Erhebung öffentlicher Abgaben und Gefälle behandelt, hat nur noch Bedeutung für Steuern, die zu Gunsten von Ländern und Kommunalverbänden erhoben werden, und für Gebühren, die nicht eine Gegenleistung für eine besondere Leistung darstellen (cf. Löwe Ziff. 1 a der Vorbemerkungen zum III. Abschnitt des 6. Buches). Im übrigen sind sie durch § 449 der Reichsabgabenordnung vom 13. Dezember 1919 (RGBl. 1919 S. 1993 ff.) für deren Geltungsbereich außer Wirksamkeit gesetzt und durch eigene Vorschriften ersetzt. Auch die weiteren Bestimmungen der StPO. und des StGB. gelten nach §§ 355, 385 RAbgO. nur, soweit die Steuergesetze nichts Abweichendes vorschreiben.

Im Strafrecht und im Strafverfahren beschränkt sich die RAbgO. auf ergänzende Vorschriften. Auch diese sind, namentlich soweit es sich um das Strafrecht handelt, in der RAbgO. nur soweit zusammengefaßt, als sie mehr oder minder gemeinschaftliche Bedeutung für die Steuergesetze haben. Die übrigen Vorschriften sind in die einzelnen Gesetze verwiesen. Die Vorschriften der Steuergesetze gehen denen des Strafgesetzbuches und der Strafprozeßordnung vor. Dies gilt auch, wenn sie im Sinne des § 2 des EG.StGB. Materien betreffen, die Gegenstand des Strafgesetzbuches sind, z. B. Ideal- und Realkonkurrenz, etc. (cf. Dr. Becker Enno, Senatspräsident am Reichsfinanzhof: Die Reichsabgabenordnung 1928 Anm. 1 zu § 355).

Über die Einzelheiten des Strafrechts und des Strafverfahrens der RAbgO. zu berichten, würde zu weit führen und über den Rahmen dieses Werkchens weit hinausgehen. Dem Thema meiner Abhandlung entsprechend will ich nur das bringen, was für die Strafvollstreckung interessiert.

Gemäß § 202 der RAbgO. können die Finanzämter Anordnungen, die sie im Besteuerungsverfahren innerhalb ihrer gesetzlichen Befugnisse treffen, durch Geldstrafen und Haftstrafen, die für den Fall der Uneinbringlichkeit der ersteren an die Stelle dieser treten, erzwingen. Die einzelne Geldstrafe darf 5000 *RM*, die Haft vier Wochen und bei Bildung einer Gesamtstrafe drei Monate nicht überschreiten. Auf Ersuchen des Finanzamtes hat die zur Vollstreckung zuständige Behörde die Haftstrafe zu vollstrecken (requirierter Strafvollzug); § 202 der RAbgO. und § 84 Abs. II der VfStrS. Ist der Anspruch auf die Geldstrafe verjährt (das ist nach §§ 121 ff. der RAbgO. in einem Jahre nach Ablauf des Jahres, in dem der Anspruch entstanden ist) darf die Haft natürlich nicht mehr vollstreckt werden.

Nach § 377 RAbgO. können auch Ordnungsstrafen über den verhängt werden, der den im Interesse der Besteuerung erlassenen Vorschriften der Steuergesetze oder der dazu ergangenen und öffentlich oder den Beteiligten besonders bekannt gemachten Verwaltungsbestimmungen durch andere als die in den Steuergesetzen unter Strafe gestellten Handlungen oder Unterlassungen zuwiderhandelt. Die Ordnungsstrafe ist formell Kriminalstrafe und von der Erzwingungsgeldstrafe des § 202 scharf geschieden; insbesondere ist gegen Verhängung einer Ordnungsstrafe uneingeschränkt Antrag auf gerichtliche Entscheidung zulässig (cf. Dr. Becker, RAbgO. Anm. 1 zu § 377).

Neben den obengenannten Erzwingungs- und Ordnungsstrafen kennt die RAbgO. in ihren §§ 355 ff. aber auch weitere kriminelle Strafen, die sie in Strafbescheiden ausspricht, gegen die Antrag auf gerichtliche Entscheidung oder Beschwerde zulässig ist (§ 412 ff. der RAbgO.).

Der Strafbescheid darf nur auf Geldstrafen lauten. Nicht befugt sind die Finänzämter, auf Freiheitsstrafen oder auch nur auf eine Ersatzfreiheitsstrafe zu erkennen (§ 386 RAbgO.).

Vollstreckbare Strafbescheide und Beschwerdebescheide wirken wie ein rechtskräftiges Urteil (§ 423 RAbgO.). Strafbescheide werden vollstreckbar, wenn die nach §§ 412 Abs. II, 415, 416 der RAbgO. vorgeschriebene Frist von einer Woche abgelaufen ist, ohne daß bei der Finanzbehörde eine Beschwerde oder ein Antrag auf gerichtliche Entscheidung eingereicht worden ist, ferner, wenn ein solches Rechtsmittel zwar eingelegt aber zurückgenommen worden ist oder als zurückgenommen gilt (§§ 430, 431 RAbgO.) oder wenn auf Einlegung eines Rechtsmittels verzichtet ist. Beschwerdebescheide des § 417, die auf Strafe lauten, sind stets vollstreckbar.

Kann eine durch Strafbescheid festgesetzte Geldstrafe oder die Strafe des Ersatzes nicht einziehbarer Sachen nicht beigetrieben werden, so hat das Gericht auf Antrag des Finanzamtes die Strafe in Freiheitsstrafe umzuwandeln. Das Finanzamt übersendet die Verhandlungen der Staatsanwaltschaft. Die Entscheidung steht dem Gericht zu, das für die Eröffnung des Hauptverfahrens zuständig gewesen wäre. Vor der Entscheidung sind die Staatsanwaltschaft und der, gegen den die Strafe festgesetzt ist, sowie das Finanzamt zu hören. Gegen den Beschluß ist sofortige Beschwerde zulässig; dieser Beschluß wird also nach dem bereits Ausgeführten nach Ablauf einer Woche nach Zustellung rechtskräftig und vollstreckbar (§ 435 RAbgO.).

Gemäß § 410 RAbgO. kann der Beschuldigte, wenn er die Zuwiderhandlung vorbehaltlos einräumt, sich der in einer Niederschrift festzusetzenden Strafe unter Verzicht auf Erlassung eines Strafbescheides sofort unterwerfen. Die Unterwerfung steht dann einer rechtskräftigen Verurteilung gleich.

Nach § 390 RAbgO. sind die Finanzämter befugt, sich jederzeit der weiteren Untersuchung oder Entscheidung zu enthalten und die Sache an die zuständige Staatsanwaltschaft abzugeben, die nunmehr für das weitere Verfahren allein zuständig ist. Die Finanzbehörde muß die Sache an die Staatsanwaltschaft abgeben, wenn die Entscheidung auf eine Freiheitsstrafe lauten oder nach Ansicht der Finanzbehörde eine solche ausgesprochen werden muß. Örtlich zuständig ist auch die Staatswaltschaft des Bezirks, in dem das Finanzamt seinen Sitz hat (§ 411 der RAbgO.).

Ist eine Sache an die Staatsanwaltschaft abgegeben, so wird sie von dieser weiterbetrieben und von den ordentlichen Gerichten entschieden. Für die Vollstreckung dieser gerichtlichen Entscheidungen gilt das über die Vollstreckung gerichtlicher Entscheidungen Gesagte.

An dieser Stelle sei noch angeführt, daß gemäß § 436 der RAbgO. Beamte der Finanzämter außerhalb des deutschen Reichs wohnende Personen, von denen eine Geldstrafe nicht eingezogen werden kann, beim Antreffen im Inlande festnehmen dürfen. Sie haben sie ohne Verzug der Strafvollstreckungsbehörde vorzuführen. Diese hat die Ersatzfreiheitsstrafe zu vollstrecken oder, wenn eine solche noch nicht festgesetzt ist, die Entscheidung über die Umwandlung sofort herbeizuführen und die festgenommene Person so lange in Haft zu behalten; die Haft ist auf die Freiheitsstrafe unverkürzt anzurechnen. § 436 ermächtigt also die Finanzbeamten ausnahmsweise zur Mitwirkung bei der Vollstreckung von Freiheitsstrafen.

Zum Schlusse sei zum Kapitel Finanzstrafen noch die Frage erörtert, wer bezüglich der erkannten Strafen zu deren Stundung, zur Bewilligung von Ratenzahlungen, zu deren Aufschub, Unterbrechung, bedingten oder unbedingten Erlaß und schließlich zu deren Löschung und zur Anordnung der beschränkten Auskunft über sie zuständig ist.

Die Vollstreckung der von ihnen erkannten Geldstrafen obliegt den Finanzbehörden. Ihnen obliegt deshalb sinngemäß auch die Stundung derselben, die Bewilligung von Ratenzahlungen auf dieselben und schließlich ihr Erlaß und ihre Milderung.

Auf demselben Standpunkte steht § 80 der bayerischen Begnadigungs-Vorschriften, der ausführt:

„Gesuche um Erlaß oder Minderung oder Stundung der Zahlung von Geldstrafen, die eine Verwaltungsbehörde nach § 419 StPO. oder nach § 410 oder § 412 der RAbgO. festgesetzt hat, werden von den Verwaltungsbehörden behandelt. Hieran wird durch den Umstand nichts geändert, daß das Gericht nach § 423 StPO. oder § 435 RAbgO. die Geldstrafe in eine Freiheitsstrafe umgewandelt hat."

Soweit Aufschub einer an Stelle einer uneinbringlichen Finanzstrafe tretenden Freiheitsstrafe im Rahmen der §§ 455 und 456 StPO. erbeten wird, sind, da die genannten Paragraphen durch die Finanzgesetze und insbesondere durch die Reichsabgabenordnung nicht aufgehoben sind, die Vollstreckungsbehörden zuständig. Aus dem gleichen Grunde muß auch die Anordnung nach § 29 Abs. VI StGB. auf Unterbleiben der Vollstreckung der Ersatzstrafe, wenn die Geldstrafe ohne Verschulden der Verurteilten nicht beigetrieben werden kann, den Gerichten bezüglich der Finanzstrafen zugestanden werden. Schließlich ist auch die Unterbrechung der Ersatzfreiheitsstrafe aus dienstlichen Gründen, insbesondere in dringenden Fällen, (cf. BegnVorschr. §§ 18, 21, 24) Sache der Landesjustizverwaltungsbehörden.

Für Gnadenakte ist bezüglich der Finanzfreiheitsstrafen oder Ersatzfreiheitsstrafen noch Folgendes zu bemerken:

Wurde die Strafe vom Gerichte ausgesprochen, so steht das Begnadigungsrecht dem Staatsministerium der Justiz zu. Es gilt hiefür neben den anderen anwendbaren Vorschriften der Begnadigungsverordnung hauptsächlich deren § 80 Abs. I Satz 2 und Abs. II, welcher besagt:

„Die Justizbehörden berichten an das Staatsministerium der Justiz, wenn gebeten ist, die Vollstreckung der Freiheitsstrafe zu unterbrechen oder aufzuschieben und nicht durch den Aufschub der Vollstreckung nur Zeit gewonnen werden soll, um die Geldstrafe zahlen zu können. In den Fällen des Abs. I können die Gerichte nicht die Strafe bedingt erlassen. Wird um den bedingten Erlaß gebeten oder will er von Amts wegen angeregt werden, so wird nach den Vorschriften des I. Abschnitts an das Staatsministerium der Justiz berichtet."

Wurde aber von der Finanzbehörde die Strafe erkannt und nur vom Richter in eine Ersatzfreihejtsstrafe umgewandelt, so haben das Begnadigungsrecht der Reichsfinanzminister und die von ihm delegierten Finanzbehörden, bezw. die Landesfinanzbehörden. Es ergibt sich dies aus dem klaren Wortlaut des § 443 der RAbgO., die dem Reichsfinanzminister die Befugnis zuspricht, im Verwaltungsstrafverfahren erkannte Strafen zu erlassen. Die in eine Freiheitsstrafe umgewandelte Geldstrafe ist im Verwaltungsstrafverfahren erkannt; der Richter hat bei der Umwandlung die Schuldfrage nicht mehr zu prüfen, auch nicht die Höhe der Strafe, sondern lediglich das

Maß der Ersatzfreiheitsstrafe zu bemessen. Durch die vom Richter entwickelte Tätigkeit wird der Strafe nicht der Charakter einer im Verwaltungsstrafverfahren erkannten Strafe genommen. Das Gleiche muß zweifellos auch für Landesfinanzstrafen gelten. Die Begnadigung durch die Finanzbehörden erscheint auch praktisch. Sie hat die Sache aufgezäumt; sie hat sie nach ihren Grundsätzen und Auffassungen behandelt, sie hat die Strafe ausgesprochen, sie allein muß daher auch für Gnadenakte zuständig sein! Gnadengesuche, die sich auf umgewandelte Freiheitsstrafen beziehen, sind demnach an die Finanzbehörden zur weiteren Behandlung abzugeben; (cf. auch Gutachten des Reichsfinanzhofes, V. Senates vom 17. Juli 1927 — BD. 5/25 —, abgedruckt im Reichszollblatt vom 29. August 1925 Nr. 28 und die dort aufgeführte Literatur und Rechtsprechung. Bereits in der Nummer 38 des Reichszollblattes vom 25. Dezember 1920 hat übrigens der Reichsfinanzminister schon mit Entschließung vom 20. August 1920 verfügt:

„Um Zweifel über Anwendung des § 435 RAbgO. zu vermeiden, weise ich auf Folgendes hin:

Eine durch einen Strafbescheid festgesetzte Geldstrafe ist ebenso wie die Strafe des Ersatzes des Wertes nicht einziehbarer Sachen gemäß § 435 RAbgO. in eine Freiheitsstrafe umzuwandeln. Auf Antrag des Finanzamtes muß das Gericht diese Umwandlung vornehmen. Es handelt sich hierbei nicht um ein auf Grund früherer Entschließung zu erlassendes Straferkenntnis, sondern um eine Hilfstätigkeit des Gerichts bei Vollstreckung der im Verwaltungsstrafverfahren erlassenen Strafbescheide.

Zum Erlaß der Freiheitsstrafe ist deshalb gemäß § 443 RAbgO. der Reichsminister der Finanzen zuständig."

Die Anordnung der beschränkten Auskunft aus dem Strafregister und der Tilgung von Strafvermerken ist kein

Gnadenakt. Für sie ist auch bezüglich der Finanz-, Zoll- und Steuersachen die nach § 72 der BegnVorschr. aufgeführte Stelle zuständig.

D. Ordnungsstrafen.

Der Begriff „Ordnungsstrafe" ist sehr unklar und unbestimmt. Sie kann sein eine Kriminal-, Disziplinar-, Zwangs-, Ungehorsams- und Ungebühr- Strafe, eine Strafe für Formaldelikte, sie kann auch gemischten Charakter haben. Ordnungsstrafen finden sich in allen möglichen Gesetzen. Besonders viel gibt es derer in den verschiedenen Zoll-, Steuer- und Abgabengesetzen (vergl. hier Löwe, S. 32 ff., Hellwig, S. 38 ff.).

Der mit „Strafvollstreckung" überschriebene I. Abschnitt des siebenten Buches der StPO. regelt, wie schon ausgeführt nur die Vollstreckung der in einem Urteil oder in einer dem Urteile verwandten Entscheidung verhängten kriminellen Strafen. Für Ordnungsstrafen trifft er nur zu, wenn das die Ordnungsstrafen vorsehende Gesetz ihn ausdrücklich für anwendbar erklärt und nicht selbst Bestimmungen über Vollstreckbarkeit oder Vollstreckung der von ihm zugelassenen Ordnungsstrafen trifft.

Für die Vollstreckung der im Laufe eines gerichtlichen Verfahrens verhängten Ordnungsstrafen sind die auf diese bezüglichen Bestimmungen der Strafprozeßordnung oder des Gerichtsverfassungsgesetzes maßgebend und sind nur einzelne Bestimmungen des Abschnittes (z. B. §§ 452, 455, 463) analog anwendbar (cf. Löwe Vorbemerkung Ziff. I zum siebenten Buch der StPO.). Man unterscheidet hier hauptsächlich die Ungehorsams- und Ungebührstrafen, die gegen Parteien, Parteivertreter, Beschuldigte, Verteidiger, Zeugen und Sachverständige verhängt werden, welche ihre öffentlich-rechtlichen Pflichten gegenüber dem Gerichte durch Ungehorsam oder

Ungebühr verletzen) (vergl. G.V.G. §§ 56, 84, 178 StPO., §§ 51, 70 Abs. I, 77). Auf sie finden die Vorschriften des StGB. über den Mindestbetrag der Geld- und Haftstrafe (§§ 18, 27), die Verjährung (§§ 69, 70), die Umwandlung derselben (§§ 28, 29) ebensowenig Anwendung wie die Vorschriften der StPO. über das Verfahren.

Für die Strafvollstreckung interessiert bezüglich dieser gerichtlichen Ordnungsstrafen Folgendes:

Schöffen und Geschworene sowie Mitglieder des zu ihrer Wahl berufenen Ausschusses, die ohne genügenden Entschuldigungsgrund zu den Sitzungen nicht rechtzeitig sich einfinden oder ihren Obliegenheiten sich in anderer Weise entziehen, sind zu einer Ordnungsstrafe in Geld sowie in die erwachsenen Kosten zu verurteilen. Gegen die Entscheidung findet Beschwerde von Seiten des Verurteilten nach den Vorschriften der StPO. statt. Die Entscheidung ist sofort vollstreckbar. Der Fall, daß die Geldstrafe nicht beizutreiben ist, wird von dem Gesetz als nicht vorkommend angesehen, daher ist die Substituierung einer Freiheitsstrafe auch nicht angeordnet und folglich auch nicht statthaft (§§ 56, 84 GVG., 304 ff., 307 der StPO.; Löwe Anm. 56 zu § 56 GVG.).

Eine Ersatzfreiheitsstrafe gibt es auch nicht bei einer über einen Sachverständigen verhängten Geldstrafe, weil er nicht erscheint oder die Abgabe eines Gutachtens verweigert (§ 77 der StPO.).

Erscheinen Zeugen nicht oder verweigern sie ohne gesetzlichen Grund die Aussage oder den Eid, so können sie nach §§ 51 und 70 StPO. zu Ordnungsstrafen in Geld und für den Fall, daß diese nicht beigetrieben werden können, zur Strafe der Haft bis zu sechs Wochen verurteilt werden. Gegen die eine Ordnungsstrafe verhängenden Beschlüsse ist Beschwerde zulässig, die keine aufschiebende Wirkung hat (cf. Löwe Anm. 15 zu § 51, ferner §§ 304, 307 StPO.).

Die aufgeführten Ungehorsamsstrafen werden von der Staatsanwaltschaft bezw. dem Amtsgerichte als Vollstreckungsbehörde vollstreckt.

Verschieden von diesen sogenannten Ungehorsamsstrafen sind die vom Richter auf Grund der ihm zustehenden Sitzungspolizei verfügten Ordnungsstrafen der §§ 178 und 180 GVG. Gemäß § 178 GVG. kann das Gericht gegen Parteien, Beschuldigte, Zeugen, Sachverständige oder bei der Verhandlung nicht beteiligte Personen, welche sich in der Sitzung einer Ungebühr schuldig machen, vorbehaltlich der strafgerichtlichen Verfolgung, eine Ordnungsstrafe in Geld oder bis zu drei Tagen Haft festsetzen und sofort vollstrecken lassen. Diese Befugnis steht nach § 180 GVG. auch einem einzelnen Richter bei der Vornahme von Amtshandlungen außerhalb der Sitzung zu. Ist in den Fällen der §§ 178 und 180 GVG. eine Ordnungsstrafe festgesetzt, so findet binnen der Frist von einer Woche nach der Bekanntmachung Beschwerde statt, soferne die Entscheidung nicht von dem Reichsgericht oder einem Oberlandesgericht getroffen ist. Die Beschwerde hat in den Fällen des § 178 GVG. keine aufschiebende, in den Fällen des § 180 aufschiebende Wirkung. Über die Beschwerde entscheidet das Oberste Landesgericht (§ 181 GVG.).

Die Vollstreckung der Sitzungspolizeistrafen nach §§ 179, 180 GVG. hat der Richter unmittelbar zu veranlassen, das heißt, er ersucht das zuständige Gefängnis selbst um den Vollzug der von ihm verhängten Ordnungsstrafe. Die Vollstreckungsbehörde hat dabei nicht mitzuwirken.

Die Bestimmungen der §§ 162, 163 GVG. gelten für alle Freiheitsstrafen, mithin auch für die Ordnungsstrafen. Der Ausdruck „der Verurteilte" ist hier in einem weiteren Sinne verstanden; (cf. Löwe, Anm. 2 zu § 162 GVG.).

Die Begnadigungsvorschriften werden entsprechend angewendet, wenn die Justizbehörden Gesuche für Ordnungsstrafen zu behandeln haben. Über diese Gesuche entscheidet ausschließlich das Staatsministerium der Justiz (§ 79 der Begn.-Vorschr.).

Eine Entscheidung der Gerichte über Stundung oder Ratenzahlung kommt nach dem klaren Wortlaut des eben angeführten § 79 nicht in Frage. Die auf Ordnungsstrafen bezüglichen Gesuche hat die Staatsanwaltschaft zu instruieren (§§ 5, 79 Begn.-Vorschr.).

Sachregister.

(Die Ziffern bedeuten die Seitenzahlen.)

A.

B.

E.

F.

G.

J.

K.

L.

M.

N.

O.

P.

R.

S.

St.

V.

W.

Z.

Kolibri 360 GmbH
Ferdinand-Jühlke-Straße 7
99095 Erfurt, Deutschland
produktsicherheit@kolibri360.de